Inhalt

	Zur Einführung
154	*Roger Mielke:* Trinitarisch glauben
159	*Ernst Hofhansl:* Dank und Gruß an Ulrich Wilckens

	Essays
161	*Ernst Hofhansl:* Biblisch-trinitarischer Realismus
170	*Gérard Siegwalt:* Das christliche – trinitarische – Gottesverständnis im Dialog mit den monotheistischen abrahamitischen Religionen
181	*Horst Folkers:* Biblische Elemente christlicher Gottes- lehre
186	*Thomas Amberg:* Glauben Christen und Muslime an denselben Gott?
193	*Mario Fischer:* Die Entdeckung des trinitarischen Grundes der Kirche in der ökumenischen Bewegung

	Stimmen der Väter
201	*Heiko Wulfert:* Altkirchliche Stimmen zum trinitari- schen Glauben

	Miszelle
212	*Christoph Petau:* Das Hasenfenster im Dom zu Paderborn

	Rezensionen
214	*Wilfried Härle:* Worauf es ankommt.
216	*Volker Leppin (Hrsg.):* Thomas Handbuch.
219	*Bernhard Meuser/Johannes Hartl/Karl Wallner (Hrsg.):* Mission Manifest – Die Thesen für das Comeback der Kirche

224	*Adressen*

225	*Impressum*

Trinitarisch glauben

von Roger Mielke

»Die Bestimmung der Theologie beruht auf dem Geheimnis, dem das Bekenntnis zum Dreieinen Gott antwortet und das in der Trinitätslehre umrissen wird: der lebendige Gott im Gegenüber von Vater, Sohn und Geist, die miteinander und zueinander sind – in dieser Bewegung erfüllt sich die Gottheit Gottes, in dieser Gegenwart des Dreieinen Gottes ist die Welt mitsamt ihrer Geschichte gehalten. Die unerschöpfliche Gottheit Gottes offenbart sich in seinem Für-Uns-Sein, ohne sich darin zu verströmen: Gottes extra nos in seinem pro nobis. Die Trinitätslehre nennt also den inneren Grund für den Glauben, der von Gott getragen ist, ihm angehört und seiner gewärtig bleibt. Der Glaube ist – im steten Gegenüber Gottes zu ihm – die intensive Immanenz des Wirkens Gottes.«[1]
Gerhard Sauter

»Der Lehre von der Dreieinigkeit ist nichts anderes als ein begrifflich entwickeltes und unterstütztes Beharren darauf, dass Gott selbst durch die und mit der besonderen Ereignisfolge identifiziert wird, welche die große Erzählung von Israel und seinem Christus ausmacht.«[2]
Robert W. Jenson

Umstritten ist, ob und in welchem Sinne die altkirchlichen Lehrbildungen, das trinitarische und christologische Dogma überhaupt gegenwärtig verantwortet werden können.

Mit dem Thema dieses Heftes betreten wir den innersten Bereich des christlichen Glaubens, wir nennen den Inbegriff des Evangeliums von Jesus Christus und widmen uns dem Kern theologischer Rechenschaft. Damit betreten wir aber auch eine Konfliktzone: Umstritten ist, ob und in welchem Sinne die altkirchlichen Lehrbildungen, das trinitarische und christologische Dogma überhaupt gegenwärtig verantwortet werden können. Neu allerdings ist dieser Streit nicht. Die verschiedenen Positionen der altkirchlichen Auseinandersetzungen leben in jeder Epoche, in immer wieder nur leicht variierten Formen, neu auf. In die Geschichte dieses Konflikts gehört aber auch, dass jede Epoche wieder neu

---

[1] Gerhard Sauter, Zugänge zur Dogmatik, Göttingen 1998, 120.
[2] Robert W. Jenson, Systematic Theology. Vol. 1 The Triune God, Oxford University Press: New York, 1997, 60 (Übers. Mielke).

den Zugang zu diesem altkirchlichen Grund gefunden und die außerordentliche Orientierungskraft des Dogmas für den gelebten Glauben, die kirchliche Gemeinschaft und die theologische Reflexion erprobt hat. Die Beiträge dieses Heftes thematisieren so auch den trinitätstheologischen Aufbruch, der die Theologie des 20. Jahrhunderts geprägt hat und bis in die Gegenwart andauert. Dieses »Revival« hatte seinen Ursprung in einer Selbstbesinnung der westlichen Christenheit nach dem Scheitern der liberalen Synthese von Christentum und Kultur in der europäischen Katastrophe des Ersten Weltkrieges und in den nachfolgenden politischen und sozialen Umbrüchen. Und es hatte, eng damit zusammenhängend, seine Wurzeln in den ökumenischen Begegnungen eines zwar immer noch europäisch dominierten, aber doch auch schon globalisierten Christentums. Ein kurzer Hinweis vor allem auf die Bedeutung der vor der bolschewistischen Revolution nach Westen geflüchteten russischen Intellektuellen und den bedeutenden Einfluss der orthodoxen Spiritualität und Theologie im späteren Ökumenischen Rat der Kirchen muss hier genügen. Der Beitrag von Mario Fischer beleuchtet diese Zusammenhänge näher.

Der verschlungene Pfad dieses Weges zwischen Bestreitung und Wiederentdeckung des trinitarischen Glaubens kann im Rahmen dieses Heftes nicht nachgezeichnet werden. Ein Zusammenhang aber soll in dieser Ausgabe von »Quatember« besonders genannt werden. Als die – später so genannten – »Berneuchener« in den Pfingsttagen des Jahres 1923 zu ihrer ersten »Konferenz« auf dem neumärkischen Landgut Berneuchen zusammenkamen, fanden sie sich genau dieser Frage gegenüber, was nach dem Zusammenbruch der alten Ordnung nun helfen könnte, dem sozialen Leben eine neue Form, eine »Gestalt« zu geben. Das »Berneuchener Buch« von 1926 dokumentiert dieses Ringen um eine neue »Kultursynthese« aus dem Geist reformatorischen Christentums. Das »Berneuchener Buch« widmet der Beschreibung der Krisenphänomene breiten Raum, und doch atmet es in keiner Zeile den Geist eines defensiven Rückzugs – im Gegenteil, es sucht mitten in den Turbulenzen einer als krisenhaft erlebten Gegenwart einen Grund der sowohl das persönliche, als auch das kirchliche und das soziale Leben tragen kann, es stellt sich der Aufgabe der »Gestaltung«. Diese weit ausgreifenden, auf das »Ganze« gerichteten Pläne wurden zum Gründungsimpuls der Michaelsbruderschaft – gerade indem sie in eine Konzentration auf eine verbindliche Gemeinschaft geistlichen Lebens und einen geteilten Erfahrungsweg führten. Aus der inneren Logik dieses Weges heraus ergab sich für die Berneuchener die

Im Strom der Zeit,
von Tom Kattwinkel

Einübung in eine
erfahrungs-
bezogene
Spiritualität

Frage nach der Einheit der Kirche, nach der ökumenischen Gemeinschaft, nach der Wiedergewinnung der Katholizität der Kirche – und damit auch eine neue Erschließung der altkirchlichen Grundentscheidungen. Die Einübung in eine erfahrungsbezogene Spiritualität steht seitdem in der Mitte des Lebens der Berneuchener Gemeinschaften. »Erfahrungsbezogen« meint hier eine Spiritualität, also eine vom Geist Gottes geprägte Lebensform, die aus Erfahrung, aus einer Berührung durch das Geheimnis des lebendigen Gottes, geschöpft ist, und wieder auf Erfahrung hinführt, also lehrt, dorthin zu hören, dorthin zu schauen, dorthin zu gehen, wo erwartet und erhofft werden darf, dass Gott sich zeigt. Unter dem Leitbegriff eines »biblisch-trinitarischen Realismus« rekonstruiert der Beitrag von Ernst Hofhansl Stationen dieses Berneuchener Weges.

Ein wichtiger
Aspekt dieses
trinitarischen
Glaubens ist seine
Leibhaftigkeit. Er
ist nicht zuerst
Begriff, Konzept,
Diskurs – er ist ein
Ensemble leibhaf-
ter Praktiken.

Wenn wir diesen Zusammenhang ernst nehmen, ist die »Trinitäts*lehre*« nichts anderes als die Reflexionsform eines trinitarischen Glaubens, die dieser Erfahrung nach-denkt und jede Suche nach der authentisch christlichen Erfahrung dann auch anleitet. Ein wichtiger Aspekt dieses trinitarischen Glaubens ist seine Leibhaftigkeit. Er ist nicht zuerst Begriff, Konzept, Diskurs – er ist ein Ensemble leibhafter Praktiken:

In der Taufe wird der Name des dreieinigen Gottes einem Menschen auf die Stirn und ins Herz geschrieben – und in diesem schöpferischen Akt empfängt der Getaufte seine Identität und den »neuen Namen« (Jes 62,2; Offb 2,17), um in die Kirche als dem neuen Volk aus allen »Stämmen und Sprachen« (Offb 5,9) eingefügt zu werden.

In der Feier des Heiligen Mahls lobt die versammelte Gemeinde und in ihr die Kirche als Ganze den Vater im Licht des Weges zwischen Schöpfung und Vollendung (Präfation), vergegenwärtigt sich der Sohn im Gedenken Seines Lebens, Sterbens und Auferstehens (Anamnese), wirkt der Heilige Geist als personale Kraft der Verwandlung (Epiklese). So wird im leibhaften Nehmen und Essen die Kirche Jesu Christi konstituiert als eine Realität der von Jesus Christus ermöglichten, verwirklichten und verbürgten Teilhabe an der Wirklichkeit.

So auch das Gebet in der Vielfalt seiner Orte, Kontexte und Formen: Als Lob und Dank, als Bitte und Klage geschieht es *zum Vater*, *mit* dem und *durch* den *Sohn* und *im Heiligen Geist*.

Diese leibhaften Praktiken richten die geschaffene Wirklichkeit und den geschaffenen, verwundbaren und sterblichen Menschen aus auf die Wirklichkeit Gottes des Schöpfers. Sie führen diese Teilhabe alles Geschaffenen an der Wirklichkeit Gottes vor Augen. In gleicher Weise leuchtet in ihnen das erlösende Handeln Gottes in Jesus Christus auf, das wiederum hinweist auf die eschatologische, alles Geschaffene wiederherstellende und letztlich überbietende Wirklichkeit Gottes des Vollenders. Im Mittelpunkt dieser von leibhaften Menschen, also empirischen Subjekten, vollzogenen Praktiken steht gleichwohl nicht das aneignende Handeln dieser Subjekte, sondern vielmehr das Handeln Gottes, das den Menschen hineinzieht in den Beziehungsraum der Liebe, die der dreieinige Gott im Beziehungsgefüge von Vater, Sohn und Geist *in sich selbst* ist. Darin kehrt sich das uns geläufige Aneignungsverhältnis um: Nicht »Ich« als »religiöses Subjekt« eigne mir religiöse Überlieferung an, sondern ich werde durch den lebendigen Gott angeeignet, werde zu seinem Eigentum und habe meinen Ort in dieser Wirklichkeit der Liebe von Vater, Sohn und Geist.

In dieser Ortsanweisung zeigt sich dann auch: Die Trinitätslehre als Inbegriff des Evangeliums ist nichts anderes und nicht mehr als Schriftauslegung. In ihr spiegelt sich die ungeheure innere Differenzierung der Heiligen Schrift in der Vielfalt ihrer Texte und der Einfalt ihres durchgehenden Subjekts: Der schöpferische, erwählende, richtende und rettende Gott, dessen Wesen die Worte aus Ex 34,6 f. so aussprechen: »HERR, HERR, Gott, barmherzig und gnädig und geduldig und von großer Gnade und Treue, der

Die Trinitätslehre als Inbegriff des Evangeliums ist nichts anderes und nicht mehr als Schriftauslegung.

da Tausenden Gnade bewahrt und vergibt Missetat, Übertretung und Sünde, aber ungestraft lässt er niemand, sondern sucht die Missetat der Väter heim an Kindern und Kindeskindern bis ins dritte und vierte Glied.«[3]

---

[3] Ulrich Wilckens hat Ex 34,6 f. zu einem Leitwort seiner gesamtbiblisch und kanonisch ausgerichteten neutestamentlichen Theologie gemacht. Vgl. Ulrich Wilckens, Theologie des Neuen Testaments, Bd. II: Die Theologie des Neuen Testaments als Grundlage kirchlicher Lehre. Teilband 1: Das Fundament, Neukirchen-Vluyn 2007, 95–99.

Dank und Gruß

Bischof i. R. Prof. Dr. Ulrich Wilckens zum 90. Geburtstag

von Ernst Hofhansl

Hochverehrter Herr Bischof,
lieber Bruder Ulrich Wilckens!

In Dankbarkeit und Freude grüße ich Sie zu Ihrem hohen Geburtstag am 5. August.

Mit Dankbarkeit schaue ich zurück auf die Jahre, in denen Sie als Kurator der Evangelischen Michaelsbruderschaft gewirkt haben. Es waren die spannenden Jahre der Wendezeit in den späten Achtziger- und frühen Neunzigerjahren des vorigen Jahrhunderts. Sie haben die Bruderschaft zunächst gemeinsam mit OLKR Reinhold Fritz, als Kurator für die seinerzeitigen vier Konvente in der ehemaligen DDR, begleitet. Auch bei der behutsamen Zusammenführung dieser Konvente zu den Konventen in Deutschland nach 1990 haben Sie geholfen. Die anderen Konvente hatten in Lukas Vischer für die Schweiz, Marc Lienhard für das Elsaß, ihre Kuratoren. Für Österreich war zunächst Superintendent Leopold Temmel und dann Superintendent Ernst-Christian Gerhold zuständig.

Sie haben in Ihr Amt als Kurator die Erkenntnisse als Professor für die Neutestamentlichen Wissenschaften und die Erfahrungen als Bischof auf verschiedenen Verantwortungsebenen einbringen können. Sie haben das seelsorgerlich und mit großer Liebe zur Kirche getan, die neben den gemeindlichen Strukturen auch in Schwestern- und Bruderschaften, Kommunitäten und Dienstgruppen geistliches Leben verwirklicht. Als Beauftragter des Rates der EKD haben Sie dieses Amt aufmerksam begleitend wahrgenommen. Ihre Würdigung dieser Gemeinschaften als ein Bereich »innerhalb der evangelischen Kirche, in dem sich ein wesentlicher Teil kirchlicher Erneuerung vollzieht« hat aufmerken lassen. Die Evangelische Michaelsbruderschaft haben Sie bei Ihrem Abschied aus dem Kuratorenamt beim Kapitel 2000 daran erinnert, dass Kirche und Gesellschaft sich am Beginn des 3. Jahrtausends in ähnliche Lage befänden, wie nach 1918. Sie ermutigten zu geistlichem Kampf, zu verlässlichem Dienst in Gemeinde und Kirche und nicht zuletzt zum ökumenischen Einsatz. Solche Erinnerung und Mahnung haben wir immer wieder nötig und dafür danken wir Ihnen von ganzem Herzen.

Ich persönlich erinnere mich dankbar an ein persönliches Gespräch mit Ihnen. Nach der Lektüre Ihres Marien-Buches meinte ich, dass wir als Evangelische in Österreich Schwierigkeiten damit hätten, die Mutter Jesu um Fürbitte anzurufen. Sie haben mich ganz einfach darauf hingewiesen, dass wir doch die Kirche Jesu Christi als Gemeinschaft der Getauften über den Tod hinaus bekennen. Wenn wir nun schon das Zutrauen haben, dass Gott unsere Fürbitte von jetzt lebenden Menschen erhört, warum dann nicht auch von jenen, die vor uns gelebt haben? Seither habe ich ein Bild der mit dem Christuskind thronenden Maria aus der Dortmunder Marienkirche (~1230) auf meinem Schreibtisch.

Im eigenen Namen und dem der ganzen Evangelischen Michaelsbruderschaft wünsche ich Ihnen zu Ihrem Geburtstag Gottes Segen und gnädige Führung, das gute Geleit Seiner Engel und die Freude, die aus der Dankbarkeit kommt für die Zeit, die der Herr Ihnen schenken will.

In fürbittendem Gedenken sind wir einander verbunden
Ihr Ernst Hofhansl
Senior der Evangelischen Michaelsbruderschaft

Biblisch-trinitarischer Realismus

von Ernst Hofhansl

Wer die Urkunde der Evangelischen Michaelsbruderschaft von 1931[1] liest, entdeckt zwar unter Abschnitt II die Verpflichtung der Brüder täglich eine Zeit dem Gebet am Morgen und am Abend zu widmen, aber keinen Hinweis auf die Bedeutung der Bibel als Heilige Schrift. Wahrscheinlich ist die tägliche Bibellese als selbstverständlich vorausgesetzt, wie im Glaubensbekenntnis von Nizäa-Konstantinopel (325/381) der Tod Jesu nicht genannt wird, aber als Voraussetzung für das Begräbnis natürlich erscheint.

Bei vielen Texten aus der Geschichte ist zu bedenken, dass das, was zur Entstehungszeit als selbstverständlich bei Lesern (oder Hörern) vorausgesetzt wird, keiner besonderen Erwähnung bedarf. Aus dem Schweigen in Texten darf nicht automatisch auf das Nichtvorhandensein geschlossen werden.

Innerhalb der Berneuchener Bewegung ist eine ernsthafte Befassung mit der Bibel von Anfang an vorhanden. Schon in den von Wilhelm Stählin[2] ab 1924 herausgegebenen Jahrbüchern »Das Gottesjahr«, die ab 1929 zu einem Bindeglied der »Berneuchener«[3] werden, kreisen die Beiträge jeweils um ein besonderes Thema zur geistlichen Bildung.

Als nach der Stiftung der Michaelsbruderschaft eine mehrmals im Jahr erscheinende Zeitschrift[4] herausgebracht wurde, war es

---

[1] Als Faksimile abgedruckt in: [von Gerhard Hage zusammengestellt], Die Evangelische Michaelsbruderschaft. Fünfzig Jahre im Dienst der Kirche, Kirche zwischen Planen und Hoffen, Neue Folge 23, Kassel 1981, 11–18.

[2] Wilhelm Stählin (Hrsg.), Das Gottesjahr. Rudolstadt 1924, 1920 begründet von Walther Kalbe, ab 1929 im Bärenreiterverlag Kassel.

[3] »...zum Organ des in der Berneuchener Konferenz zusammengeschlossenen Arbeitskreises.« Hans Carl von Haebler, Geschichte der Evangelischen Michaelsbruderschaft von ihren Anfängen bis zum Gesamtkonvent 1967, Marburg 1975, 30.

[4] Jahresbriefe des Berneuchener Kreises, im Auftrag des Berneuchener Kreises herausgegeben von Wilhelm Stählin, Kassel. Erster Schriftleiter war Wilhelm Thomas, dem 1933 Erich Altendorf nachfolgte. Das Heft 1 zu Advent / Weihnachten / Epiphanias 1931 / 1932 hat 28 Seiten. Nach einem Gruß an die Leser auf S. 1 beginnt der Bibelleseplan. Zuerst der Wochenspruch »Siehe, dein König kommt zu dir.« Darunter: Erster Advent / Der kommende Herr (das Leitbild des Sonntags), danach folgt eine kurze Hinführung zum Wesen der Adventzeit, die mit der Angabe des (noch nicht Wochenlied genannten) Liedes »Macht hoch die Tür, die Tor macht weit« schließt. Darauf folgen für jeden Wochentag die Stellenangaben für die Morgen- und Abendlesung, denen in wenigen Sätzen eine Hilfe zum Verstehen beigedruckt ist. Der 1. Jahrgang hat insgesamt 166 Seiten. Später wurde der Titel in »Evangelische Jahresbriefe« geändert und ist seit Jahrzehnten bekannt als »Quatember«. Nur der letzte Krieg bedingte eine fünfjährige Erscheinungspause.

selbstverständlich, dass jedes Heft mit einem Bibelleseplan eröffnet wurde. Schon ab dem zweiten Jahrgang spiegelt sich das Bemühen um ein entfaltetes Kirchenjahr wieder. Den üblichen Sonn- und Festtagen werden auch die Gedenktage der Apostel eingefügt. Das kostbare Erbe der ganzen Kirche und auch der Reformationskirchen wird entdeckt, geschätzt und daran bis heute weitergearbeitet. Es ist erfreulich, dass das neue Kalendarium, ab dem Ersten Sonntag im Advent 2018, zusätzliche Gedenktage der biblischen Überlieferung, der frühen und bis in die jüngste Kirchengeschichte reichende Gedenk- und thematische Besinnungstage enthält. Die dazu ausgewählten Lese- und Predigttexte wollen die biblische Gründung bezeugen und diese gottesdienstlich entfalten.

Dabei kommt man aber an einer grundlegenden Frage nicht vorbei, die der Apostel Philippus dem äthiopischen Kämmerer stellt. »Verstehst du auch, was du liest?« (Apg 8,30)[5] Die Antwort ist ehrlich: »Wie kann ich, wenn mich nicht jemand anleitet?« Der Apostel erklärt die Stelle aus dem Propheten Jesaja (53,7–8) durch den Hinweis auf Christus: »Philippus aber tat seinen Mund auf und fing mit diesem Schriftwort an und predigte ihm das Evangelium von Jesus.« (Apg 8,35) Hier erkennen wir die Art und Weise, wie die Urkirche die ihr vertrauten verschiedenen heiligen Schriften verstanden und auf Jesus den Christus gedeutet hat.

Den Hörern und Lesern der Antike, und später auch im mittelalterlichen Europa, war die typologische Erschließung von Sinnzusammenhängen vertraut. Ein Beispiel dafür ist der »Verduner Altar« im Chorherrenstift Klosterneuburg bei Wien, wahrscheinlich aus dem Jahr 1181 und Nikolaus von Verdun zugeschrieben[6]. Die ehemalige Kanzelverkleidung hat ein spezielles Bildprogramm: Die obere Reihe bietet Bilder zu biblischen Geschichten »ante legem«, aus dem Alten Testament vor der Gesetzgebung am Sinai. Auf der unteren Reihe sind Bilder von Geschichten aus dem Ersten Testament »sub lege«, unter dem Gesetz. Und in der Mitte sind auf den Emailtafeln Szenen aus dem Neuen Testament »sub gratia«, unter der Gnade. Was nun mit typologischer Zuordnung gemeint ist, zeigen die Tafeln der 11. Senkrechten: Oben: Joseph wird von seinen Brüdern in den Brunnen geworfen; unten: Jona wird aus dem Schiff in den Rachen des Fisches geworfen; und nach Mt 12,39 (Zeichen des Jona) ist in der Mitte die Grablegung Christi

---

5   Hilfreich dazu sind: Peter Müller, »Verstehst du auch, was du liest?« Lesen und Verstehen im Neuen Testament, Darmstadt 1994. - Ulrich H. J. Körtner, Der inspirierte Leser. Zentrale Aspekte biblischer Hermeneutik, Göttingen 1994.
6   Ich beziehe mich auf das Standardwerk von Floridus Röhrig, Der Verduner Altar, Wien ⁴1955.

*Verduner Altar,
Chorherrenstift Kloster-
neuburg, Prophet Jona,
akg-images*

dargestellt. Die Einsicht, dass biblische Texte und zugeordnete
Bilder einander ergänzen und einen Zugang zur Verstehens- und
Interpretationswelt vergangener Zeiten gewähren, hat dazu ge-
führt, die Bibel in ihrer Vielgestaltigkeit ernst zu nehmen.

Bilder, die die Taufe Jesu durch Johannes im Jordan zeigen,
halten meist eine Handlungsabfolge in einer einzigen Szene fest.
Bei Matthäus lesen wir in einer mehrstufigen Sequenz: (3,16+17):

1. »Und als Jesus getauft war, *[Nachdem Johannes überzeugt wurde, auch diese Taufe durchzuführen, taufte er Jesus im Jordan.]*
2. stieg er *(Jesus)* alsbald herauf aus dem Wasser. *[Das, was alle
   Bußfertigen und von Johannes Getauften taten, macht Jesus
   auch: er steigt ans Ufer.]*
3. Und siehe, da tat sich ihm *(Jesus)* der Himmel auf, und er
   (Jesus) sah den Geist Gottes wie eine Taube herabfahren
   und über sich kommen. *[Diese Vision erlebt nur Jesus als Geschehen für sich allein.]*

4. Und siehe, eine Stimme vom Himmel herab sprach: Dies ist mein lieber Sohn, an dem ich Wohlgefallen habe.« *[Ob nur Jesus allein diese Audition erlebte, oder ob sie allgemein erfahrbar war, wird nicht mitgeteilt.]*

Verborgen für die Anwesenden enthüllt sich im Unsichtbaren ein innertrinitarisches Geschehen der Verbindung von Gott als Vater, mit dem Geist und dem Sohn. Wer aus dieser Szene eine Lehre entwickeln will, kommt unweigerlich zu Schlüssen, die später als Irrlehre verworfen wurde. Gegen das Missverständnis, dass der Heilige Geist vom Vater auf den Sohn und zu Pfingsten durch den Sohn auf die Jünger und damit auf die Kirche übergeht, hat noch Karl d. Große ins Glaubensbekenntnis einfügen lassen: Der… Heilige Geist, der von dem Vater »*und dem Sohn*« ausgeht…

Ein »Biblischer Realismus« anerkennt das Gewordensein der einzelnen Texte.

Ein »Biblischer Realismus« anerkennt das Gewordensein der einzelnen Texte, wie es schon in den Eingangsversen des Lukasevangeliums heißt. »Viele haben es schon unternommen, Bericht zu geben von den Geschichten, die unter uns geschehen sind, die uns das überliefert haben, die es von Anfang an selbst gesehen haben und Diener des Worts gewesen sind. So habe auch ich's für gut gehalten, nachdem ich alles von Anfang an sorgfältig erkundet habe, es für dich, hochgeehrter Theophilus, in guter Ordnung aufzuschreiben, damit du den sicheren Grund der Lehre erfahrest, in der du unterrichtet bist.« (Lk 1,1–4) Es geht immer schon um Überlieferung und die Tradition der jeweiligen Verstehensgeschichte.

Die »historisch-kritische« Auslegungsmethode wird unter der Bezeichnung »Relativismus« im Berneuchener Buch[7]dort abgewiesen, wo sie eine ausschließliche Geltung zum Verstehen von Bibeltexten beansprucht und andere tradierte Methoden verwarf. Auch die Nichtbeachtung der kirchlichen Gebundenheit der Texte in Gottesdienst und Lehre wurde kritisiert. Ein »biblischer Realismus«, der Gottes Wort nur als eine in der Vergangenheit fixierte Größe anerkennt und nur deshalb für den Glauben gelten lassen kann, wird kritisiert. In der Berneuchener Tradition will der Anschluss an die Kirche, wie sie sich als Gemeinschaft im Gottesdienst, zu Predigt und Sakramentsgebrauch zusammenfindet, gewonnen werden: »Lebe mit deiner Kirche!« das war die Einladung und Aufforderung mit Bibel und Gesangbuch, im Gottesdienst und – das aus der Jugendbewegung stammende Berneuchener Proprium – auf geistlichen Freizeiten und Wochen zu

---

[7] Das Berneuchener Buch. Vom Anspruch des Evangeliums auf die Kirchen der Reformation, Hamburg 1926, Nachdrucke: Darmstadt 1971 und 1978, 85.

leben und dadurch Glauben einzuüben. Vorträge, Bibelarbeiten und Meditationen wollen zur Erfahrung des göttlichen Geheimnisses (mystagogisch) führen.[8]

Zum Verstehen eines Textes ist in dessen verschiedene Schichten vorzudringen, die auch nur mit unterschiedlichen Methoden zu entschlüsseln sind. Das setzt philologische, literarkritische und zeitgeschichtliche Analysen ebenso voraus, wie die Kenntnis antiker Realienkunde und historischer Abläufe.[9] In einem seinerzeit viel beachteten Aufsatz hat Wilhelm Stählin[10] anhand der Analyse einer griechischen Wortform, theologisch Bedeutsames für das Verständnis der Beteiligung des Menschen am göttlichen Rechtfertigungsgeschehen erschlossen. 2. Kor. 5,20 heißt es: »So sind wir nun Botschafter an Christi statt, denn Gott ermahnt durch uns; so bitten wir nun an Christi statt: Lasst euch versöhnen mit Gott!« Der unbefangene Leser versteht die Bitte des Apostels Paulus als Aufforderung, die Versöhnung an sich geschehen zu lassen. Die hier gebrauchte Verbform ist der Passiv-Imperativ, der ausdrückt: »Es ist die Rede von etwas, was der Mensch nicht selber tut und nicht selber tun (auch nicht selber an sich tun) kann, was vielmehr an ihm geschieht, eher ein Widerfahrnis als eine Leistung; aber der Mensch wird in vollem Maß dafür verantwortlich gemacht, dass es an ihm geschieht [...]« So entdecken wir die Bedeutung: Lass an dir geschehen, was bereits geschehen ist. Und diese Haltung ist Voraussetzung für die Meditation: »Ich gebe mich hin und lasse etwas an mir geschehen; ich gebe hörend und schauend dem Raum, was auf mich zukommt; ich lasse das Wort, das Zeichen (oder was es sein mag) tief in mich eindringen und gebe ihm in mir Raum und Macht.«[11] Ein weiteres Beispiel lesen wir bei Wilhelm Schmidt, der sich viele Jahre seines Lebens mit dem Johannesevangelium und seiner Auslegung befasst hatte.[12] In diesem Evangelium heißt es an zwei Stellen von »Kaiphas, der in *diesem* Jahr Hoherpriester war« (Joh 11,49) und »Kaiphas, der in *jenem* Jahr Hoherpriester war« (Joh 18,13), was seit der Antike als Zeitangabe verstanden wurde, als wäre damit eine einjährige

Ich gebe mich hin und lasse etwas an mir geschehen; ich gebe hörend und schauend dem Raum, was auf mich zukommt.

---

[8] Wilhelm Stählin, Vom göttlichen Geheimnis (= Kirche im Aufbau 4), Kassel 1936. – Ders., Mysterium. Vom Geheimnis Gottes, Kassel 1970. – Vgl. dazu das Themenheft »Geistlicher Weg – Geistlicher Pfad« von Quatember 72 (2008) Heft 4.

[9] Vgl. Gerd Theissen, Der Schatten des Galiläers. Historische Jesusforschung in erzählender Form, München 1986; seither viele Auflagen.

[10] Wilhelm Stählin, Eine griechische Verbalform und ihre Tragweite, in: Symbolon. Vom gleichnishaften Denken, Stuttgart 1958, 80–89.

[11] Stählin, Verbalform, 87.

[12] Wilhelm Schmidt, Der brennende Dornbusch. Eine Darlegung des Evangeliums nach Johannes [= Johannes Wirsching (Hrsg.), Kontexte. Neue Beiträge zur Historischen und Systematischen Theologie Band 27], Frankfurt/Main u. a. 2000.

Amtszeit des Hohenpriesters gemeint.[13] Schmidt nun setzt diese vermeintliche Zeitangabe in den kultischen Zusammenhang mit dem Brauch des Versöhnungstages (Jom Kippur). An diesem Tag hatte der amtierende Hohepriester in kultischer Reinheit das Versöhnungsopfer im Tempel darzubringen, indem der Deckel der Bundeslade mit dem Blut des Lammes zu besprengen war und nur an diesem Tag war laut zu verkünden, was sonst nur zu flüstern war: »Gepriesen sei der Name Seines herrlichen Reiches immer und ewig!« Ein kurzes Gebet begleitete diesen Ritus. Wenn das alles in der gebotenen Ordnung geschehen ist, dann war die Versöhnung geschehen, und das Jahr nicht verloren. Das war der »Tag des Hohenpriesters« und in diesem Sinne war »Kaiphas – jenes Jahres Hoherpriester.«[14]

Die in den einzelnen biblischen Büchern jeweils überlieferte Erzählform hat ebenfalls Bedeutung. Das hat Wilhelm Stählin[15] nach (Rundfunk-)Vorträgen in einer kleinen Schrift deutlich gemacht, indem er die Ausdrucksform und die je eigentümliche Sprache von Mythos und Märchen, Sage und Legende würdigt und an Beispielen aufweist, was das je Besondere ist, und wo die damit gemeinte »Wahrheit« bezeugt und die den Menschen betreffende Wirklichkeit zur Sprache kommt.[16]

Die »Ur-Kunde« des Glaubens an den Dreieinigen Gott erschließt sich auf vielerlei Weise. Adolf Köberle hat schon an Berneuchener Konferenzen teilgenommen und war nach dem Krieg jahrzehntelang Kurator der Evangelischen Michaelsbruderschaft. Nachdem er das Kuratorenamt abgegeben hatte, wurde er 1967 in die Bruderschaft aufgenommen. Er begleitete die theologische und kirchliche Arbeit der Berneuchener schon als Dozent in Basel und später als Professor für Systematische Theologie von Tübingen aus. 1972 hat er ein Büchlein herausgebracht, wo er in der Einleitung zu unserem Thema formuliert: »Der Realismus der Bibel kommt zunächst darin zum Ausdruck, dass in diesem Buch der Bücher die ganze Erlebnisfülle menschlichen Daseins ihren Niederschlag gefunden hat. [...] Zugleich aber sieht der Realismus der Bibel die Größe und das Elend des Menschen immer im Zusammenhang mit der Gottesbeziehung des Menschen. [...] Der

---

[13] Rudolf Bultmann, Das Evangelium des Johannes, KEK II., Göttingen [10]1968, 314.

[14] Schmidt, Dornbusch, 500–504 und 1158–1160; Anm. 408.

[15] Wilhelm Stählin, Auch darin hat die Bibel recht. Sage, Legende, Märchen und Mythos in der Bibel und überhaupt, Stuttgart 1964. - Auf den anderen Zugang von Rudolf Bultmann, Neues Testament und Mythologie. Das Problem der Entmythologisierung der neutestamentlichen Verkündigung, 1941; Nachdruck München 1985, und die darauffolgenden Kontroversen sei verwiesen.

[16] Auch in den fünf Bänden seiner Predigthilfen hat Stählin so gearbeitet.

Realismus der Bibel findet seine Krönung darin, dass hier Zeugnis gegeben wird von dem Machthandeln Gottes, das in Jesus Christus aller Welt zugut geschehen ist und das die Kraft in sich trägt, unser Leben zu wandeln.«[17]

Oskar Planck[18] hat die Einsicht, dass es keine »Berneuchener Theologie« gibt, sondern eine »bestimmte Berneuchener Art Theologie zu treiben – im Bild gesprochen: Jeder legt ein Scheit ins Feuer (Karl Bernhard Ritter) –, in der nicht Rede und Gegenrede bestimmend seien, sondern aufmerksames Zuhören, Gedanken beitragen und weiterentwickeln, den Gesprächsstil kennzeichnen. Zu dieser Art gehört der »Biblische Realismus«, durch den die Heilige Schrift als Buch der Kirche geistlich gelesen und ausgelegt werden muss. Die geistliche Auslegung respektiert das Mysterium Gottes, das göttliche Geheimnis, wonach der in und mit Christus offenbare Wille Gottes erkennbar ist. Zugleich aber wird die Fremdheit, Unerhörtheit und Unfasslichkeit, und nach Röm 11,33–36, die Unverfügbarkeit Gottes deutlich gemacht: *»O welch eine Tiefe des Reichtums, beides, der Weisheit und der Erkenntnis Gottes! Wie unbegreiflich sind seine Gerichte und unerforschlich seine Wege! Denn ›wer hat des Herrn Sinn erkannt, oder wer ist sein Ratgeber gewesen‹? (Jesaja 40,13) Oder ›wer hat ihm etwas zuvor gegeben, dass Gott es ihm zurückgeben müsste?‹ (Hiob 41,3) Denn von ihm und durch ihn und zu ihm sind alle Dinge. Ihm sei Ehre in Ewigkeit! Amen.«* Damit verbunden ist die Wertschätzung des »biblischen Universalismus« wie er in dem allumfassenden Zeugnis der Schrift zu finden ist, etwa in Eph 3, 14–21:

»Deshalb beuge ich meine Knie vor dem Vater, der der rechte Vater ist über alles, was da Kinder heißt im Himmel und auf Erden, dass er euch Kraft gebe nach dem Reichtum seiner Herrlichkeit, stark zu werden durch seinen Geist an dem inwendigen Menschen, dass Christus durch den Glauben in euren Herzen wohne und ihr in der Liebe eingewurzelt und gegründet seid. So könnt ihr mit allen Heiligen begreifen, welches die Breite und die Länge und die Höhe und die Tiefe ist, auch die Liebe Christi erkennen, die alle Erkenntnis übertrifft, damit ihr erfüllt werdet mit der ganzen Gottesfülle. Dem aber, der überschwänglich tun kann über alles hinaus, was wir bitten oder verstehen, nach der Kraft, die in uns wirkt, dem sei Ehre in der Gemeinde und in Christus Jesus zu aller Zeit, von Ewigkeit zu Ewigkeit! Amen.«

Der Realismus der Bibel findet seine Krönung darin, dass hier Zeugnis gegeben wird von dem Machthandeln Gottes, das in Jesus Christus aller Welt zugut geschehen ist und das die Kraft in sich trägt, unser Leben zu wandeln.

---

[17] Adolf Köberle, Biblischer Realismus (BTB 190), Wuppertal 1972, 3f.

[18] Oskar Planck, Die Evangelische Michaelsbruderschaft, in: Lydia Präger, hg., Frei für Gott und die Menschen. Evangelische Bruder- und Schwesternschaften in Selbstdarstellungen, Stuttgart ²1964; auszugsweise in [Hage], Michaelsbruderschaft, 23–36. – Auf die Einflüsse von Paul Tillich und Odo Casel kann leider nicht eingegangen werden.

Geschaffenes kann in Fülle und Begrenzung wahrgenommen werden und wird dadurch tauglich zum Symbol geistlicher Vorgänge.

Die Dreieinigkeit Gottes ist Mysterium, was mit »Geheimnis« nur unzureichend wiedergegeben wird. Wer im Taufbefehl des Auferstandenen (Mt 28,19 f.) eine Unterordnung des Sohnes unter den Vater und des Geistes unter den Sohn sieht, spielt eine Einzelaussage gegen das Gesamtzeugnis der Bibel aus. Um solchen Gedanken zu wehren, hat die frühe Kirche viel Mühen aufgebracht, zu unterscheiden was als »heilige Schrift« für die Kirche gelten kann. Aus Zeugnissen der Bibel wurden Glaubenseinsichten gewonnen, die das Gesamtzeugnis zur Christologie (Lehre von Jesus Christus) und Trinitätslehre verdichteten. Aufscheinende Gegensätze können als einander ergänzende Aussagen verstanden werden. So erfordert das Bekenntnis zu Gott Vater als dem Schöpfer die Einsicht, dass die Erfahrung von Natur dem Menschen seine »Mitgeschöpflichkeit« bewusst macht und geistlich gedeutet als Symbol für sonst unanschauliche Vorgänge dienen kann. Geschaffenes kann in Fülle und Begrenzung wahrgenommen werden und wird dadurch tauglich zum Symbol geistlicher Vorgänge. Verdichtet und herausgehoben ist dies im Element des Wassers. Dieses ist sowohl lebensnotwendig als auch lebensbedrohend. Ein Zeichen für Leben und Tod, wie es Paulus Röm 6 mit der Taufe verbindet. Das unerlässliche tägliche Brot ist ein mehrfaches Zeichen durch seine Entstehung. Das Weizenkorn muss in die Erde gesetzt sein und dort ersterben. Dann keimt es und bringt – Sonne, Wind und Regen ausgesetzt – Frucht. Diese vielen Körner müssen ausgedroschen, zerquetscht und gemahlen, mit Wasser vermengt (und vergoren), durch Hitze gebacken werden. Ein Bild für den geschundenen Leib Christi, der sterben muss und aufersteht zu einem neuen Sein: Brot – mein Leib, für Euch gebrochen. Auch die Frucht des Weinstocks muss in der Kelter zerdrückt werden und durch die Gärung hindurch reifen zur vollen Genießbarkeit. Christus in der Kelter ist ein überzeugendes Bildmotiv für die Gabe der Eucharistie.

Heutigen Städtern mag es unbegreiflich sein, wie die Taube zum Erkennungszeichen für den Heiligen Geist werden konnte, wo doch diese Vögel nur Schmutz machen, Krankheiten verbreiten und lästig sind. Die rationale Einteilung der Welt in nützlich und gewinnbringend widerspricht einer Weltsicht, die größere und tiefere Zusammenhänge bedenkt. Im Hebräischen ist »Ruach« = Geist, weiblich und selbstverständlich vom Anfang der Bibel an mit Gott verbunden. Es gibt Trinitätsdarstellungen, die Gottes Geist mit weiblich anmutendem Gesicht zeigen (Urschalling am Chiemsee, Bergkirche in Schäßburg/Sighişoara/Segesvár) und damit anzeigen, was mitgedacht, mitgeglaubt und mitmeditiert werden will, wenn wir wagen von Gott zu sprechen. Im Vorderen Orient wurde die Taube weiblichen Fruchtbarkeitsgöttinnen zugeordnet und es ist immerhin bemerkenswert, wenn der griechische Ausdruck für Taube »peristerá« das semitische »perach Istar« (Vogel der Göttin Ischtar) überliefert. So treten zu diesem Vogel die Beziehungen zu »Lebensfülle, Liebeskraft und Schönheit« hinzu.[19] Vielleicht war den frühen Vätern der Kirche diese Assoziation unbehaglich, wo dann noch »pneuma« (Geist im Griechischen) ein Neutrum ist, eine Sache, die schwerlich als »göttliche Person« vorgestellt werden kann. Das macht einsichtig, warum man sich mehr mit der Lehre von Christus, dem Fleisch gewordenen Logos befasste, bis Athanasius (~ 300–373) formulierte: »Der *eine* Geist ist dem *einen* Logos und dem *einen* Gott eigen und wesensgleich (*homousion*)«.[20]

Das Bekenntnis der und zur Dreieinheit Gottes findet auch einen deutlichen Ausdruck im Eucharistiegebet. Die Einsetzungsworte, wie sie uns in leicht abweichenden Formulierungen überliefert und liturgisch vertraut sind und im Gottesdienst laut werden, gelten als Stiftungs-, Konsekrations-, Deute- und Auftragswort zum Tun und zum Gedenken. Dazu ist die Anrede an Gott den Vater in der Präfation die Eröffnung des Gebetes. Die Anamnese memoriert die Heilstaten Gottes in Jesus Christus (von der Geburt bis zur Auferstehung). Die Epiklese als Bitte um den Heiligen Geist drückt aus, dass das jetzt Geschehende nicht der Verfügbarkeit von (extra geweihten) Menschen übertragen ist, sondern der Verheißung entspricht, die erfüllt werden wird. Dabei wird die Bitte um die geistliche Wandlung in eine Neuschöpfung verwirklicht. Diese klingt sinnvoll aus im Ruf »Maranatha – unser Herr kommt! Ja, komm, Herr Jesus«. Damit wird die Wirklichkeit unserer Zeit- und Raumbegrenzung durchbrochen und die Aussicht auf die eschatologische Vollendung eröffnet.[21]

»Wir erwarten die Auferstehung der Toten und das Leben der kommenden Welt. Amen.«

Univ.-Prof. D. theol. Ernst Hofhansl (*1945), Pfr. i. R., ist Senior der Evangelischen Michaelsbruderschaft und lehrt an der Kunstuniversität Graz.

---

[19] Photina Rech, OSB, Inbild des Kosmos. Eine Symbolik der Schöpfung, Salzburg-Freilassing 1966. ›Taube‹ Band I, 280–307.

[20] ranz Dünzl, Kleine Geschichte des trinitarischen Dogmas in der Alten Kirche, Freiburg i. B. 2006, 134.

[21] Wilhelm Stählin, Die Bitte um den Heiligen Geist, Stuttgart 1969 - Karl Bernhard Ritter, Bemerkungen zur eucharistischen Epiklese in: Christian Zippert (Hrsg.), Kirche und Wirklichkeit. Gesammelte Aufsätze von Karl Bernhard Ritter, 63–74, Kassel 1971. – Ernst Hofhansl, Der eschatologische Ausblick im Eucharistiegebet der Kirche, in: Wilhelm Pratscher/Georg Sauer (Hrsg.), Die Kirche als historische und eschatologische Größe. Festschrift für Kurt Niederwimmer zum 65. Geburtstag, Frankfurt/M. u. a. 1994, 269–281.

Das christliche – trinitarische – Gottesverständnis im Dialog mit den monotheistischen abrahamitischen Religionen

von Gérard Siegwalt

I. Problematik

Thema

Es sind hauptsächlich zwei Gründe, die neu dazu drängen, Rechenschaft zu geben über den Glauben an Gott den Vater, den Sohn und den Heiligen Geist.

Der erste Grund ist nach innen gerichtet und betrifft uns als Christen und als Kirche. Was hat es denn auf sich mit diesem Bekenntnis, was ist sein Sinn? Eine Glaubensaussage gilt es zu verantworten, nach dem Wort (1.Petr. 3, 15 f.): »Seid allezeit bereit zur Verantwortung vor jedermann, der von euch Grund fordert der Hoffnung, die in euch ist, und das mit Sanftmut und Gottesfurcht«. Verantworten bedeutet Rechenschaft ablegen: Nur so ist eine Glaubensaussage auch glaubwürdig.

Der andere Grund betrifft das Außenverhältnis, durch die heute für uns alle hautnah erlebbare und erlebte Nachbarschaft, über die traditionelle wenn auch durch die Shoah so schmerzhaft eingeschränkte mit dem Judentum hinaus, mit Muslimen und also mit dem Islam. Denn das Christentum ist mit seinem trinitarischen Bekenntnis zuerst ein Monotheismus, Bekenntnis des einen und alleinigen Gottes. Damit steht es in einer Reihe mit den beiden anderen Monotheismen, eben zuerst dem Judentum und dann dem Islam, die sich alle drei auf Abraham berufen als den Vater des Glaubens. Das heißt doch: was diese drei monotheistischen Religionen miteinander eint ist von grundlegenderer Bedeutung (und also auch Aktualität und Triftigkeit) als das, was sie trennt.

Dieser zweite Grund beinhaltet die Nötigung, Rechenschaft zu geben von der monotheistischen Grundaussage, also vom Bekenntnis des einen und alleinigen Gottes.

> *Denn das Christentum ist mit seinem trinitarischen Bekenntnis zuerst ein Monotheismus, Bekenntnis des einen und alleinigen Gottes.*

Hürden

Das Thema stellt uns vor zwei Probleme, die mit den beiden genannten Gründen zusammenhängen.

Das erste Problem ist das der traditionellen trinitarischen Begrifflichkeit. Wir wissen, dass das trinitarische Gottesverständnis wohl in der Bibel angelegt ist, es aber seine dogmatisch bindende Formulierung erst progressiv in anspruchsvoller theologischer Arbeit in den ersten Jahrhunderten nach Christus gefunden hat und mit dem sog. nizänischen Glaubensbekenntnis (Nicaenum-Constantinopolitanum 325/381) seinen Abschluss erhielt. Es ist gut und recht, dass wir dies Glaubensbekenntnis gemeinsam bekennen. Aber die in diesem Bekenntnis vorausgesetzte (philosophische) Begrifflichkeit ist für uns heute kaum nachvollziehbar. Die Schwierigkeit wird uns selber greifbar, wenn wir uns die »drei Personen« (auf Griechisch: Hypostasen), die das eine Wesen Gottes ausmachen, nicht nur innerlich »einbilden«, sondern wenn wir nach außen hin davon Rechenschaft geben sollen: Kommen wir da nicht sehr schnell in Erklärungsnöte oder aber zur Einsicht, dass unsere dogmengeschichtlichen und philosophischen Ausführungen schon im Ansatz eine Überforderung sind für die, an die sie sich richten, und dass sie uns selber intellektuell erschöpfen ohne einen wirklichen persönlichen geistlichen Gewinn? Bei der heutigen Rechenschaft des trinitarischen Gottesverständnisses geht es eigentlich darum, verantwortlich zu bezeugen, wie wir Gott erfahren als Vater, Sohn und Heiligen Geist, und zu erkennen zu geben, dass diese Gotteserfahrung, wenn sie so – also ausdrücklich trinitarisch – nur von den Christen bekannt wird, nicht das Monopol der Christen allein ist, sondern dass sie auch, über alle begrifflichen Hürden hinweg, Juden und Muslimen (wir bleiben bei den drei Monotheismen) zugänglich sein kann und von manchen von ihnen tatsächlich so erfahren wird.

Das andere Problem ist das der weit verbreiteten gegenseitigen, also interreligiösen Unkenntnis. Welcher Christ weiß schon, was der Koran wirklich zur Trinität sagt, welcher Moslem, wie der Glaube an den drei-einen Gott in der Bibel begründet wird? Aber darüber hinaus: Die unvoreingenommene Beziehung zwischen den drei Religionsgemeinschaften ist belastet einmal durch die gegenseitige Verkennung und die Feindschaft zwischen ihnen in der Vergangenheit, aber auch durch ihre mancherlei Perversionen bis auf den heutigen Tag. Jeder Fundamentalismus, auch der christliche, ist anfällig für den Exklusivismus. Dadurch grenzt der Fundamentalismus aber an Blasphemie oder Gottesleugnung, stellt er doch das eigene, auf dem Buchstaben der jeweiligen heiligen Schriften beruhende Gottesverständnis über die Gotteswirklichkeit selbst oder verwechselt sie mit ihr.

Dieses zweite Problem beinhaltet nun wiederum eine Nötigung: nämlich das Gottesverständnis zu klären.

Herausforderung

Hier gilt es nun eine zum Verständnis alles Weiterzusagenden grundlegende begriffliche Klärung zu machen. Sie betrifft den genannten *Exklusivismus*. Das Gewicht dieser alle drei Monotheismen betreffenden Versuchung liegt darin, dass es sozusagen selbstverständlich erscheint, die Bezeugung des einen, alleinigen Gottes in einem exklusivistischen Sinn zu deuten: Was anders soll denn dieser Sinn sein? Doch die hier mitschwingende Voraussetzung sollte uns stutzig machen, nämlich dass der Glaube an den einen Gott ein *Macht*gefälle impliziert zwischen den *so* Glaubenden und den anderen. Aber bedeutet das dann nicht, dass die Alternative des Exklusivismus nur der *Relativismus* sein kann? Der Relativismus als das stillschweigende, oft schuldbewusste, manchmal zynische Eingeständnis, dass man eben Wasser in den Wein des monotheistischen Gottesverständnisses geben müsse, um es irgendwie gesellschaftsfähig zu machen! Gibt es einen Ausweg aus dieser Zwickmühle eines anders Glaubende ausschließenden Exklusivismus einerseits, eines den Glauben der Beliebigkeit aussetzenden Relativismus andererseits?

Die notwendige begriffliche Klärung ist durch diese Fragestellung gegeben und besteht in einer Differenzierung, die zum einen den beiden als Perversionen erscheinenden Verständnissen des Exklusivismus und des Relativismus entgeht, die zum anderen den Wahrheitsgehalt beider aufnimmt. Das führt dann zur Unterscheidung zwischen zwei Begriffen, die unabdingbar aufeinander bezogen sind: *exklusiv* und *inklusiv*. Der monotheistische Gottesglaube ist exklusiv: *ein* Gott! Er ist zugleich als solcher inklusiv: Dieser exklusive Gottesglaube schließt *alles* ein. Wie das zu denken und zu leben möglich ist, das ist das Angebot und also die Gabe des biblischen Verständnisses des Monotheismus. Letzteres beinhaltet diese Polarität von exklusiv und inklusiv (Polarität ist das Kennzeichen einer Wirklichkeit, die zwei Pole hat). Nennen wir als menschliches Beispiel einer Polarität die Ehe: sie ist exklusiv, ausschließlich und sie ist inklusiv, einschließend, also offen für Freundschaft, Nachbarschaft, allgemeinmenschliche Gemeinschaft und im Besonderen auch geistliche Gemeinschaft.

Der monotheistische Gottesglaube ist exklusiv: ein Gott! Er ist zugleich als solcher inklusiv: Dieser exklusive Gottesglaube schließt alles ein.

Andrej Rublew,
Die Heilige Dreifaltigkeit
(1411), akg-images

II. Bausteine des Verstehens

Das biblische Verständnis des Monotheismus

Das alttestamentliche und somit jüdische Glaubensbekenntnis ist grundlegend auch für den christlichen und den islamischen Monotheismus.

> 5. Mose 6,4: »Höre Israel, der Herr unser Gott, der eine Herr«.

»Höre Israel«, hebräisch *Shema Israel*. Das ist die Bezeichnung dieses Bekenntnisses. Die weitere hebräische Fassung des Bekenntnisses: *Adonai Elohenu Adonai ächad.*
Adonai: es handelt sich um das Tetragramm YHWH, das der fromme Jude so nicht ausspricht und das er durch »Adonai« wiedergibt. Diese Gottesbezeichnung betrifft den Gott Abrahams, Isaaks und Jakobs, es ist der Gott der Heilsgeschichte. Der Akzent liegt auf der Besonderheit (*Partikularität*) dieses Gottes.

Elohim (*Elohenu* ist die Zusammensetzung von »Elohim« mit »nu« = unser) bezeichnet den Schöpfergott: Es ist die Gottesbezeichnung in der ersten Schöpfungsgeschichte (1.Mose 1). Der Akzent liegt hier auf der *Universalität* Gottes: Elohim ist der Gott des Himmels und der Erde.

Die Aussage ist: Der (besondere, partikulare) Erlöser ist auch der universale Schöpfer, und umgekehrt: Der universale Schöpfer ist auch der partikulare Erlöser. Es ist ein und derselbe Gott. Der Erlöser ist der Schöpfer, der Schöpfer ist der Erlöser.

Schon diese Aussage, wenn wir sie wirklich bedenken, ist von größter Tragweite. Ihr ist dann eine weitere Aussage beigesellt, die mit der Gottesbezeichnung »*Elohim*« zusammenhängt. Diese ist nämlich ein Plural. Wenn auch mit einem Singular übersetzt (Gott), so ist diese Einzahl noch durchsichtig für eine Mehrzahl: Götter. Wörtlich übersetzt lautet das *Shema Israel* also: »Der Herr unsere Götter der eine Herr«.

Die Götter! Auch im Alten Testament wird ihnen eine Wirklichkeit, d.h. eine Wirkungskraft, zugestanden. Sie machen, sozusagen parallel zur sichtbaren Schöpfung, die unsichtbare Schöpfung aus, sie gehören also der »guten« Schöpfung an. Aber im Neuen Testament weiß etwa der Apostel Paulus um ihre Ambivalenz. So kann er von dem Sieg Christi durch sein Kreuz über diese Mächte reden (Kol 2, 15): Es sind das dieselben Mächte der guten Schöpfung, die sich aber verabsolutiert, Gott ihrem Schöpfer gleichgestellt haben. Das Glaubensbekenntnis des einen, alleinigen Gottes besagt nicht die Nicht-Existenz der Götter, sondern ihre Nur-Existenz als unsichtbare *Geschöpfe* des einen Gottes. Das heißt dann aber: Sie haben einen »Status« in der Schöpfung, nicht den von ihnen selbst immer wieder erstrebten als Gottheit, sondern den als von Gott erschaffenen Schöpfungsmächten.

Wir fragen nun, ob – und wie und wann und wo – uns solche Mächte auch heute begegnen und wir ihnen ausgesetzt sind. Es geht um »ökumenische« Mächte (die »Oikoumene« ist die bewohnte Erde), also um solche, die uns als Menschheit und als Menschen betreffen. Denken wir z.B. an das *Geld*. Die Dämonie des Geldes hebt seinen guten – kreativen, nicht destruktiven – Gebrauch nicht auf. Aber dazu muss das Geld als vergötterte, zum Idol gewordene und versklavende Macht entthront werden und zu seinen wahren »Status« als Mittel, nicht als Selbstzweck, zurückfinden. Welche »Macht« ist dazu fähig? Sie muss stärker sein als die Macht des vergötterten Geldes! Erkennen wir die politische und ökonomische Bedeutung des Glaubensbekenntnisses des einen, alleinigen Gottes! Oder denken wir noch an die unter Menschen ausgeübte *Macht*, von der Familie über Schule und Beruf bis in Wirtschaft und Politik!

Oder auch an die uns als Menschen bestimmenden *Sexualität*: gute Gabe Gottes, Quelle der Kreativität, dämonische, den Menschen zerstörende Macht, wo sie ihn versklavt.

Jetzt wird der eigentliche, ganz konkret existentiell entscheidende Sinn dieses Bekenntnisses des einen, alleinigen Gottes mit der genannten Polarität »exklusiv – inklusiv« deutlich. Die Exklusivität des Bekenntnisses: Die Götter-mächte werden als Götzen oder Idole verworfen. Das Bekenntnis des einen Gottes ist dasjenige einer Befreiung: Der eine, alleinige Gott macht uns frei von allen uns versklavenden Mächten; dies ist seine Wirklichkeit, seine Wirkungsmacht. Die Inklusivität des Bekenntnisses: Als Gottheiten verworfen, bekommen die Mächte ihren eigentlichen Status als Dienststrukturen der Schöpfung zurück. Sie sind nach Hebr 1, 14 »dienstbare Geister«, gegeben »zum Dienst um derer willen, die das Heil ererben sollen«.

Exklusiv und inklusiv, das Glaubensbekenntnis ist »*rekapitulativ*«. Dieses Wort, in dem das lateinische »caput« (= Haupt) zu erkennen ist, gibt die Weise an, wie Exklusivität und Inklusivität sich dialektisch miteinander verbinden, nämlich darin, dass Gott als das Haupt, d.h. als der Herr alles Sichtbaren und Unsichtbaren, bezeugt wird. So in Epheser 1, 10, wo wir sozusagen die Christianisierung des *Shema Israel* vorfinden: »Gott *rekapituliert* (in der Übersetzung Luthers: fasst zusammen) alle Dinge in Christus, beides, was im Himmel und auf Erden ist«. Diese »*recapitulatio*« (griech. *anakephalaiôsis*), diese Zusammenfassung, besteht darin, dass alles auf Gott hin geordnet, in sein Licht gestellt wird und damit als Nicht-Gott entpuppt (Exklusivität des einen, alleinigen Gottes) und zugleich als Gottesgeschöpf sozusagen getauft wird (Inklusivität des einen, alleinigen Gottes). Dieses neutestamentliche Verständnis des *Shema Israel* sagt nichts anderes als letzteres selbst, präzisiert es nur in einem christlichen (und schon ansatzweise trinitarischen) Sinn.

Der rekapitulative biblische Monotheismus erweist sich somit als ein *kritischer* (d.h. unterscheidender): zwischen dem was exklusiv und dem was inklusiv ist. Dies ist denn auch die doppelte Tragkraft des Monotheismus als Glaubensbekenntnis: *erstens* die Verwerfung der Idolatrie, wegen deren letztlich destruktivem, dämonischen Charakter; *zweitens* die Vereinigung (*unificatio*) der Vielfalt der geschaffenen Wirklichkeit und zunächst des Menschen mit seiner inneren und äußeren Vielfalt durch die lebendige Bezogenheit auf Gott. Damit stellt der Monotheismus eine entscheidende Frage: Welche schöpferischen, also kreativen Potentialitäten legt dies gelebte Glaubensbekenntnis in mir frei, und von welchen destruktiven, dämonischen Potentialitäten befreit es mich? Was

Das monotheisti-
sche Gottes-
verständnis ist
entscheidend für
meine Selbst-
werdung als
Mensch.

baut, oder im Gegenteil, was zerstört mich in mir selbst, in meinen Beziehungen zu andern, zur Umwelt und Gesamtschöpfung, und letztlich zu Gott? Das monotheistische Gottesverständnis ist entscheidend für meine Selbstwerdung als Mensch.

Das trinitarische christliche Verständnis des Monotheismus im Dialog mit dem Islam

Die Shahada ist das monotheistische islamische Glaubensbekenntnis: »Kein anderer Gott als Gott allein, und Muhammad ist sein Gesandter«. Wir haben hier in aller Eindeutigkeit die Aussage der Exklusivität Gottes (Allahs). Darin stimmt die *Shahada* mit dem *Shema Israel* überein. Aber in Übereinstimmung mit dem Judentum versteht der Islam den Monotheismus in einem *unitaristischen* Sinn. Für den Koran ist die christliche Trinität ein Tritheismus (Drei-Götterglaube): Das Christentum assoziiert dem einen, alleinigen Gott zwei andere Götter und ist also im Grunde eine Form des durch den Monotheismus verworfenen Polytheismus.

Das Verständnis der Trinität im Koran besteht in einer doppelten Aussage[1]:

Erstens: Damit Gott einen Sohn haben kann, braucht er eine Göttin. Im Polytheismus von Mekka, der der Verkündigung des Propheten Mohammed vorausgeht, gab es, wie auch in anderen Mythologien, eine solche sexuelle Gottesvorstellung. In dieser Vorstellung sieht der Koran eine Perversion, die er dem Christentum unterstellt. Darauf ist zu antworten: Als Christen können wir dem Koran diesbezüglich nur recht geben: Dies Verständnis aber ist eine Unterstellung, die das eigentliche Christentum nicht trifft. Es besteht also ein Einverständnis zwischen Christen und Muslimen in der Ablehnung dieser Vorstellung.

Zweitens: Die koranische Trinität ist die des Vaters, des Sohnes und Marias. Der Heilige Geist wird im Koran meist mit dem Engel Gabriel, dem Übermittler des Koran, in eins gesehen. An einigen anderen Stellen ist er ganz einfach Allah selbst in seiner Wirkungskraft. Beide Verständnisse überschneiden sich. Als Christen können wir wiederum diesbezüglich dem Koran in seiner Verwerfung nur recht geben: Diese Trinität ist nicht die christliche, und ihre Verwerfung durch den Koran trifft also nicht das christliche Verständnis der Trinität.

---

[1] Zum Verständnis des Koran in seiner Beziehung zur Bibel verweise ich auf das gut dokumentierte, vortrefflich allseitig kritisch erhellende Buch von Karl-Josef Kuschel, *Die Bibel im Koran*, Ostfildern, 2017.

Die Konsequenz ist, dass der Platz frei ist für eine gänzlich un-
polemische, nur der Rechenschaft verpflichtete Darstellung des
mit dem trinitarischen Gottesverständnis eigentlich Gemeinten.

Es geht also um christliche Rechenschaft, das bedeutet: Es
geht um ein Angebot nicht nur an die Christen selbst, die sich zum
dreieinigen Gott bekennen, sondern »bis an die Enden der Welt«,
denn so ist doch gewiss der »Missionsbefehl« des auferstandenen
Christus nach Matthäus 28 zu verstehen: nicht als Kampfaufruf zur
Unterwerfung, sondern als Ausstrahlung der gelebten Gottesbeziehung auf die gesamte und also auch die menschliche Wirklichkeit.

Rechenschaft geben bedeutet noch ein weiteres: nämlich, dass
ihr eine *Erfahrung* zugrunde liegt, also eine geistliche Erfahrung.
Nur eine solche auf einer Erfahrung beruhende Rechenschaft kann
existentiell ein-sichtig und somit, wann und wo Gott Gnade dazu
gibt, nachvollziehbar werden für andere. Zunächst ist sie aber immer neu wichtig für uns Christen und für die Kirche selbst, denn
eine Erfahrung von gestern trägt nur, wenn sie sich heute bestätigt
als tragende, neu-schaffende, heilende, orientierende Erfahrung.

Die Rechenschaft besteht in einem Zweischritt:

1. Wie kam es zu dieser trinitarischen Erkenntnis Gottes?
2. Wie bewahrheitet und also erweist sie sich in unserer eigenen geistlichen Erfahrung?

Wie kam es zum trinitarischen Verständnis des einen, alleinigen
Gottes? An zwei »Momente« – im Sinne von Kairos, das heißt von
Gott erfüllte Zeit – seiner Genese ist hier zu erinnern.

Einmal: *der »Moment« Jesus.* Versuchen wir einmal uns vorzu-
stellen, was es für die ersten Jünger bedeutet hat, als ihnen die
einzigartige Nähe ihres Meisters zu Gott bewusst wurde, eine
Nähe, die Petrus dank einer Inspiration, die ihm eingegeben wurde (wie ausdrücklich unterstrichen wird), dazu brachte, Jesus,
auf seine Frage hin : »Wer sagt Ihr, dass ich bin ?«, zu bekennen:
»Du bist Christus, der Sohn des lebendigen Gottes« (Mt 16, 16).
Das Credo der Jünger, die alle Juden waren, war das *Shema Israel*, und siehe, da wird Jesus als Sohn Gottes bezeichnet. Welch
eine im wahrsten Sinn des Wortes *theologische* Herausforderung!
Nicht die Vaterschaft Gottes war das Problem, war doch im Alten
Testament Israel schon immer als Sohn Gottes (Adoptivsohn, *sola
gratia*!) bezeugt. Nun nimmt Jesus diesen Platz ein, den Israel
ganz offensichtlich – so immer wieder die prophetische Kritik –
nicht auszufüllen imstande war. Es geht bei diesem »christologischen« Titel nicht um eine Prätention, sondern vielmehr um die
Anerkenntnis der besonderen »Vollmacht«, die Jesus in seinem
Wirken und Predigen innewohnte. Das drängte zu einer theologi-

schen Klärung, die darin bestand, Jesus gegenüber dem einen, alleinigen Gott zu situieren, also die jetzt einbrechende »Christologie« hinzuordnen auf die monotheistische »Theologie«, ja sie derselben einzugliedern.

Nicht »von oben«, sondern »von unten« her, also ausgehend von der »Jesus als Christus-Erfahrung« her. Begnügen wir uns mir der Erinnerung an den Prolog des Johannesevangeliums, wo die Aussage: »Und das Wort ward Fleisch« (1, 14) verbunden wird mit dem Hinweis auf das schöpferische Wort von Anfang an, durch das alles, was ist, erschaffen wurde (1, 1f): Das Heilswort ist schon das Schöpfungswort, der Erlöser schon der Schöpfer, Schöpfung und Erlösung sind das Werk des einen, alleinigen Gottes! Von Anfang an und dann auch bis zur Vollendung, also »von Ewigkeit zu Ewigkeit« ist Gott im Sohn, offenbart sich in Ihm nach außen hin. Der Sohn, mit Luther in Anklang an das Neue Testament zu reden, ist »das Angesicht« des Vaters, den niemand sehen kann. Man versteht von da aus folgende Formulierung: Der Vater ist Gott nach seiner Transzendenz, also betrachtet in sich selbst, der Sohn ist Gott nach seiner Immanenz, also betrachtet in seiner Offenbarung in seinem Werk.

Dann *der »Moment« Pfingsten*. Welch neue *theologische* Herausforderung für die junge Christenheit! Gott hat nicht nur ein Gesicht nach außen hin, eben den Sohn. Der im Sohn nach außen gewandte, in diesem Sinn immanente, also sich offenbarende transzendente Gott, er bezeugt sich im Herzen, im Geist, also *in* uns: Der Heilige Geist, sagt Paulus, wohnt in uns, wir sind der Tempel des Heiligen Geistes. Und dieser Pfingstgeist ist schon der Schöpfergeist von Anfang an, der über dem Chaos schwebt, aus welchem heraus Gott bis auf den heutigen Tag die Welt und uns erschafft (1.Mose 1,2). Der Pfingstgeist ist die besondere – partikulare – Vergegenwärtigung, Aktualisierung, des universalen Schöpfergeistes.

Also: Der Heilige Geist: die gegenwärtige präsente Seinsweise Gottes, *in* allem und *in* allen. Der Sohn: die auf die Immanenz der geschaffenen Wirklichkeit bezogene Seinsweise Gottes. Der Vater, aus dem der Sohn und der Geist hervorgehen: die transzendente Seinsweise Gottes.[2]

---

[2] Die traditionelle trinitarische Begrifflichkeit spricht von den drei Personen im einen Wesen Gottes. Aus dem eingangs erwähnten Grunde schließe ich mich Karl Barth und Karl Rahner an und spreche von den *drei Seinsweisen* des einen, alleinigen Gottes. Das ist kein *Modalismus*, ist doch deutlich, dass diese drei Seinsweisen gleichzeitig, koexistent, also nicht nacheinander, sukzessive, sind. Die tiefe theologische Einsicht Augustins: »*Opera ad extra trinitatis sunt indivisa*« (Gottes Wirken nach außen hin, also in Schöpfung und Erlösung, ist sein gemeinsames, trinitarisches, Wirken), ist biblisch begründet.

Dialog mit dem Islam – und dem Judentum?

Ich erinnere an zwei gemachte Hinweise:

Das trinitarische Gottesverständnis beruht auf einer geistlichen Erfahrung.

Eine geistliche Erfahrung bleibt nie auf die beschränkt, die sie als solche bezeugen, sondern sie erweist ihre Wahrheit, also ihre Triftigkeit und Aktualität, durch ihre potentielle Universalität.

Der erste Hinweis stellt eine große Herausforderung für Christen und die christliche Kirche dar. Wie vermitteln wir diese Erfahrung? Durch Lehre, durch Hinführung zu und Einübung in ihr?

Der andere Hinweis stößt sich am dominierenden Selbstverständnis der beiden anderen monotheistischen Glaubensgemeinschaften. Hierzu Folgendes im Blick auf den Islam.

Wir sahen, dass dies Thema völlig offen ist. Man kann sagen: der Islam ist selber auf Trinität sozusagen angelegt. *Einmal* der Koran. Jede Sure beginnt mit der Erwähnung von »Attributen« Allahs, und jede Sure enthält weitere Attribute. Es sind deren 99 bekannte: Allah der Barmherzige, Allbarmherzige, Allmächtige, Richter und Vergelter, etc. Was aber sind Attribute, also Eigenschaften, anderes als »Aspekte«, ein Sichtbarwerden des transzendenten Gottes? *Dann* die Mystik, der *Sufismus*. Ihm liegt nicht an einer literalen Wiederholung, sondern an einer existentiellen und spirituellen Deutung des Koran. Der Sufismus weiß um eine innere Gotteserfahrung, also darum, dass Gott *in* uns und der gesamten Wirklichkeit ist. Sind da nicht Möglichkeiten für einen weiterführenden Dialog gegeben?

Gewiss formuliert der – zumal sufistische – Islam die genannten Gegebenheiten nicht trinitarisch. Und weiter: Für Christen und christliche Kirche bedeutet das trinitarische Gottesbekenntnis ein »Mehr« gegenüber dem Koran und dem Islam. Aber das »Weniger« ist mehr als Nichts – und dies begründet dann die Anfrage an Christen und christliche Kirche:

Wie stellen wir uns zu diesem Etwas? Und ist unser »Mehr« etwas ohne das »Weniger«?

> *Eine geistliche Erfahrung bleibt nie auf die beschränkt, die sie als solche bezeugen, sondern sie erweist ihre Wahrheit, also ihre Triftigkeit und Aktualität, durch ihre potentielle Universalität.*

Schlussfolgerungen

Zunächst sei erinnert an die persönlich-menschliche, die interreligiöse und die gesellschaftliche Tragkraft des monotheistischen Gottesverständnisses. Was wird davon bei uns Christen und durch die Kirche erkennbar?

Dann, was das christliche, also trinitarische Gottesverständnis anbelangt, die doppelte (als Anfrage zu verstehende) These:

Es gibt für den Christen eine mögliche christliche, und d. h. trinitarische, Deutung des Koran, vorbehaltlich der Notwendigkeit, die koranische »Jesulogie« zu »kontextualisieren« und dann kritisch (in Bezug besonders zum Kreuzestod Jesu, den der Koran verwirft) zu vertiefen.

Es gibt für den Moslem eine mögliche islamische Deutung der jüdischen und der christlichen Bibel, über die schon im Koran angeführten biblischen Erinnerungen hinaus, die er z. T. meint korrigieren zu müssen. Dies bedeutet die Anforderung an den Islam, die in späten Suren gemachten Kennzeichnungen der Juden und der Christen als abergläubisch und götzendienerisch, die innerhalb des Koran selber im Gegensatz stehen zu den Suren, die im Judentum und Christentum auf respektable Schriften begründete Religionen sehen, als jedenfalls nicht mehr aktuell zu widerrufen.

Gott, eine sprudelnde lebensspendende Quelle!

Zuletzt, zum monotheistischen Gottesverständnis:
Eine Frage: Gott, ein intellektuelles absolutes Prinzip?
Eine Antwort: Gott, eine sprudelnde lebensspendende Quelle!

*Prof. em. Dr. Gérard Siegwalt (*1932), ist Bruder der Evangelischen Michaelsbruderschaft und lehrt und lehrt im Konvent Oberrhein als Professor für Dogmatik an der evang.-theol. Fakultät der Universität Straßburg.*

Biblische Elemente christlicher Gotteslehre
Überlegungen im Ausgang von Max Weber [1]

von Horst Folkers

1. Schöpfung

Bei Max Weber heißt es von der Schöpfung: »Denn alle Kreatur ist durch eine unüberbrückbare Kluft von Gott geschieden« (91^{23-24}). Damit ist der Begriff der Schöpfung (»Kreatur«) in sein Gegenteil, den eines Machwerkes, verkehrt. In der Schöpfung geht Gott, der, bevor er schuf, alles in allem war, aus sich heraus. Gott, der geschaffen hat, ist nicht mehr alles in allem, er hat sich vielmehr ein Gegenüber geschaffen, das unwiderruflich ein Gegenüber bleibt, da eine widerrufliche Schöpfung Gottes ein Oxymoron wäre. Die Würde der Kreatur ist dieses Außersichsein Gottes, in dem Gott sein Insichsein, seinen göttlichen Willen, äußert. Insofern hat auch die Kreatur Gottes Insichsein in sich. Das Wort, durch das Gott schafft, äußert sein Insichsein, seinen Willen. Gott schafft nicht unberaten, da Christus der Schöpfungsmittler ist, durch den, wie der Kolosserhymnus sagt, alles geschaffen ist, »alles ist durch ihn und zu ihm hin geschaffen«, Kol 1,16. Die Kreatur lobt Gott durch ihr Dasein, die Selbständigkeit, die Gott ihr verliehen hat. Nur der Mensch, der Abschluss und Höhepunkt der Schöpfung, hat die Gabe, Gott ausdrücklich und freiwillig zu loben – der Mensch kann Gott loben, er muss ihn aber nicht loben.

Gott, der geschaffen hat, ist nicht mehr alles in allem, er hat sich vielmehr ein Gegenüber geschaffen.

Aus dem Begriff Gottes, alles in allem zu sein, ergibt sich, dass er gar nichts um seinetwillen tut – ja tun kann, Gott tut vielmehr alles um seines Anderen, um der im Menschen kulminierenden Schöpfung willen. Sie umfasst Himmel und Erde, Gen 1,8.10. Der Himmel ist die dem Menschen durch seine Kraft unerreichbare Eigensphäre Gottes und die Erde der den Menschen anvertraute Ort ihres Daseins und Handelns. Der Schöpfungsbericht denkt zweifellos geozentrisch, wie der vierte Schöpfungstag zeigt, der die äußere Gestalt dieser himmlischen Sphäre beschreibt. Sonne, Mond und Sterne – die Sterne als Himmelslichter – φώστερεσ – werden genannt, Gen 1,14–19. Das entspricht der damals, gegen 550 vor Christus, »modernen« Naturkunde der Babylonier, die

---

[1] Max Weber, Die protestantische Ethik und der »Geist« des Kapitalismus, hrsg. von Andrea Maurer, Stuttgart, 2017. Im Folgenden wird nach dieser Ausgabe zitiert. Ich beschränke mich auf die Seiten 91^4–101^5.

schon eine genaue Vorstellung von der Abfolge der Grunddaten der Schöpfung hatte – bis hin zum erst am sechsten Schöpfungstag geschaffenen Spätling Mensch.

Schöpfung ist Selbstentäußerung Gottes, exinanitio dei, κένωσις θεοῦ, vgl. Phil 2,7. Da aber Gott sich entäußert, spricht die Bibel, Gen 1,31, das Resultat so aus: »Und Gott sah an alles, was er gemacht hatte, und siehe, es war sehr gut.« Dieses vom Volk Israel zuerst ausgesprochene Schöpfungslob gilt im selben Wortlaut im Christentum fort, auch der Islam teilt es.

Ein Gott, der etwas um seiner selbst willen täte, wäre ein Gott, dem etwas fehlte, also ein Nichtgott.

Ein Gott, der etwas um seiner selbst willen täte, wäre ein Gott, dem etwas fehlte, also ein Nichtgott. Von ihm spricht Max Weber »Nicht Gott ist um der Menschen willen, sondern die Menschen sind um Gottes willen da, und alles Geschehen [...] kann seinen Sinn ausschließlich als Mittel zum Zweck der Selbstverherrlichung von Gottes Majestät haben.« (93[6–11])[2] Selbstverherrlichung mag eine Schwäche menschlicher Potentaten sein, mit Gott hat sie nichts zu tun.

2. Menschwerdung

Ein anderes aber als die Schöpfung ist die für das Christentum entscheidende Tat Gottes, seine Menschwerdung, die das Christentum sowohl vom Judentum[3] wie auch vom Islam scheidet. Eines ist es, Schöpfer zu sein, ein anderes, sich unter die Gesetze der Schöpfung zu stellen. Das erste ist den abrahamitischen Religionen verständlich, das andere ist nur dem Christentum verständlich, wenn auch nur schwer, weil es nicht ohne Patripassionismus zu denken ist. Der Patripassionismus lehrt, dass Gott leidet. Das ist von den griechischen Vätern als Ketzerei angesehen worden, da Gott um seiner Vollkommenheit willen »actus purus« sein müsse, reine, jeder Passivität fremde Aktivität. Solches Denken bleibt in den Bahnen der griechischen Ontologie. Paulus hingegen hat sehr schlicht, vielleicht sogar verborgen, das Leiden Gottes in die Worte gefasst: »Als aber die Zeit erfüllt war, sandte Gott seinen Sohn, geboren von einer Frau und unter das Gesetz getan«, Gal 4,4. »γενόμενον ἐκ γυναικος, γενόμενον ὑπὸ νόμον«, wörtlich: geworden aus (einer) Frau, geworden unter (das) Gesetz. Geboren werden und unter das Gesetz gestellt sein, sind klassische Ausdrücke für die Passivität, die jedem Menschengeschick anhängt.

---

[2] Ebenso pointiert wiederholt Max Weber diese Meinung: »Die Welt ist bestimmt, der Selbstverherrlichung *Gottes* zu dienen, der Christ dazu da, den Ruhm Gottes in der Welt durch Vollstreckung seiner Gebote an seinem Teil zu mehren.«, a. a. O., 101[2–5].

[3] »Mit Christus gibt es kein Judentum und ohne Christus gibt es kein Christentum«, so mündlich Evelyne Goodman-Thau.

Aber sandte Gott nicht seinen Sohn, wie Paulus sagt, also einen Anderen? Aber so lässt sich Gott nicht in Vater und Sohn aufteilen. Dann würde aus der Trinität der Tritheismus, der drei Gottheiten zählt, gewissermaßen den Vater als Obergott, den Sohn als Untergott und den Geist als Zwischengott, eine zweifellos weit gröbere Ketzerei als der Patripassionismus. Der Sohn ist dem Vater in der Trinität vielmehr so verbunden, dass nichts, was den Sohn betrifft, nicht auch den Vater beträfe, der Sohn ist »eines Wesens mit dem Vater«. Bei der Menschwerdung des Sohnes sind der Vater und der Heilige Geist auf das engste beteiligt, wie Lukas es lehrt und Matthäus es bestätigt, doch bleibt beiden die Unsterblichkeit und nur der Sohn hat das ganze Menschsein, das Leidende und Sterbende, auf sich genommen.

Es ist den Evangelisten gemeinsam, dass sie in starken Formulierungen die Einheit von Vater und Sohn aussprechen. Bei Markus sagt Jesus: »und wer mich aufnimmt, der nimmt nicht mich auf, sondern den der mich gesandt hat« Mk, 9,37, ebenso heißt es, fast wörtlich gleich, bei Matthäus 10,40 und nur leicht verändert bei Lukas 10,16. Bei Johannes schließlich sagt Jesus geradezu: »Ich und der Vater sind eins«, Jo 10,30.

Unter die Gesetze der Schöpfung gestellt zu sein, heißt für alle Kreatur, insbesondere für den Menschen, sterben zu müssen. Das heißt es auch für den Sohn, der Mensch geworden ist, von dessen Gehorsam gegen den Vater nicht ohne seinen Kreuzestod gesprochen werden kann, »er ward Gehorsam bis zum Tode, ja zum Tode am Kreuz«, Phil 2,8. Der Vater, der zum Sohn gesprochen hatte, »Du bist mein geliebter Sohn, an dir habe ich Wohlgefallen – σὺ εἶ ὁ υἱός μου ὁ ἀγαπητός, ἐν σοὶ εὐδόκησα«, Mk 1,11, kann davon nicht unbetroffen sein. Noch in einem alten lutherischen Kirchenlied, das Hegel zitiert,[4] heißt es: »O große Not! Gott selbst ist tot.«

Die Evangelisten folgen in ihrer Passionserzählung dem Modell, das Markus in seinem Evangelium gegeben hat. In ihm ist in der gesamten, mit der Gefangennahme beginnenden Passionsszene Jesu von Gott dem Vater nicht die Rede. Kurz vor der Gefangennahme wird er das letzte Mal genannt. Jesus betet in Gethsemane: »Abba, Vater, [...] lass diesen Kelch an mir vorübergehen – αββα ὁ πατήρ,; παρένεγκε τὸ ποτήριον τοῦτο ἀπ᾽ ἐμοῦ«, Mk 14,35. Gott der Vater ist der verschwiegene Grund der Passionserzählung.

---

[4] Georg Wilhelm Friedrich Hegel, Glauben und Wissen oder die Reflexionsphilosophie, in der Vollständigkeit ihrer Formen, als Kantische, Fichtesche, und Jacobische Philosophie, 1802, in: Gesammelte Werke 4, Jenaer Kritische Schriften, hrsg. von Hartmut Buchner und Otto Pöggeler, Hamburg 1968, 315–414, hier 414¹.

Sein Mitleiden am irdischen Leiden des Sohnes bleibt nach dem Zeugnis aller Evangelisten stumm, es muss stumm bleiben.

Es ist die Würde Christi, seinen Kreuzestod für den Vater stellvertretend zu sterben. Christus tut etwas, was der Vater nicht kann, sterben. Sein Gehorsam als Mensch vollendet an diesem entscheidenden Punkt des Todes am Kreuz seine Sendung, die der Vater selber, da er sie nicht vollenden kann, dem Sohn überlassen muss. Was der Vater in seiner Menschwerdung tut, seine vollkommene Selbstentäußerung, tut der Sohn in seinem Tod am Kreuz, mit der Folge, dass von nun an der Vater sein Richteramt an den Sohn übergibt, der zum erbarmenden Richter der Menschen wird. Bei Matthäus sagt der Auferstandene – und erst er –: »Mir ist gegeben alle Gewalt im Himmel und auf Erden«, Mt 28,18. Im späteren Symbolum Romanum heißt es dann von Christus »und wird wiederkommen zu richten die Lebenden und die Toten.«

Was Gott in der Schöpfung begann, seine Allmacht zugleich als Selbstrücknahme zu leben, das vollendet er in seinem Sohn, in dem er Mensch wurde.

Was Gott in der Schöpfung begann, seine Allmacht zugleich als Selbstrücknahme zu leben, das vollendet er in seinem Sohn, in dem er Mensch wurde. Ist er uns damit zu nahe gekommen, wie Ratzinger es einmal vermutete? Aber auch in dieser Nähe bleibt er der Schöpfer, durch den alles begann und Gott der Vater wird, wenn der Tod überwunden ist, wie Paulus schreibt, der sein, der »alles in allem« ist, 1. Ko 15,28.

Gewiss lehrt auch Calvin eine Christologie. Aber Max Weber lässt nichts von ihr erkennen, er hält sich an die Gotteslehre des dogmatisch gewordenen Calvinismus eines Hornbeek (94[21]).

3. Geistausgießung – Gegenwart Gottes

Wenn Vater und Sohn alles Christliche zu tragen scheinen, wer ist dann der Heilige Geist? Er ist unverzichtbar, denn seit dem ersten Pfingsten macht er alle Gotteswirkung, die des Vaters und des Sohnes, gegenwärtig. Die Gegenwart Gottes heute ist die Gegenwart des heiligen Geistes.

So ist das Gotteswunder nicht dadurch groß, dass er seine Allmacht steigert, eine Theologie die das lehren wollte, weiß vom wahren Gott nichts, sondern dass er sich zurücknimmt, von Uranfang her im Gespräch mit dem Sohn und dem Geist, nach der Schöpfung im Gespräch mit dem Menschen, Adam, mit seinem erwählten Volk Israel und durch seine Menschwerdung in Christus im Gespräch mit aller Welt. Seine Allmacht geöffnet, zurückgenommen zu haben zugunsten der Schöpfung, insbesondere zugunsten des Menschen, der, mächtig wie ohnmächtig, seines Erbarmens bedarf, macht die Größe Gottes aus, der sich nicht scheut, auch im Kleinsten enthalten zu sein. Er ist unerkennbar aus der Perspektive des Hochmuts. – Gott ist ein Meister der Demut.

Gott ist ein Meister der Demut.

4. Schlussbemerkung

Die vorgetragenen Überlegungen zur Gotteslehre wollen trotz der leisen Paradoxien eine durchgehende, in sich schlüssige Einsicht in das im Alten und Neuen Testament dargelegte Gottesverständnis sein und sind insofern philosophisch. Eine philosophische Bibelauslegung setzt den einfachen Gedanken voraus, dass in den biblischen Texten gedacht wird. Dies haben sie mit den im engeren Sinn philosophischen Texten gemeinsam, von denen die biblischen Texte sich dadurch unterscheiden, dass sie das Denken (in der Regel) nicht zu ihrem Thema machen. Gedacht wird in den biblischen Texten die ihnen eigentümliche Sache. Sie aufzufinden und darzustellen, wie sie gedacht wird, ist Sache philosophischer Auslegung. Ihr Ziel ist eine dem Denken vertrauenswürdige Darlegung der gedachten Sache.

Dr. Horst Folkers (*1945) ist Bruder der Evangelischen Michaelsbruderschaft im Konvent Oberrhein. Er lebt als Philosoph in Freiburg.

Glauben Christen und Muslime an denselben Gott?

Eine christliche Position aus dem interreligiösen Dialog

von Thomas Amberg

»Wir glauben doch alle an den gleichen Gott.« Dieser Satz ist oft zu hören, wenn es um das Miteinander der Religionen geht. Die Antwort aber auf die Frage nach dem Gottesglauben der Christen und Muslime muss differenzierter ausfallen, als dies oft auch im interreligiösen Dialog geschieht.

Ich lade Sie ein, sich mit mir auf eine vergleichende Erkundungstour rund um den christlichen und muslimischen Gottesbegriff zu machen. Dafür möchte ich ausgehend vom trinitarischen Gottesbekenntnis den Vergleich zum islamischen Glaubensbekenntnis (schahada) und zu zentralen Aussagen der religiösen Tradition des Islam unternehmen. Dazu wird es auch gehören, einen vergleichenden Blick auf das Jesusbild des Islam zu werfen, bis abschließend die Frage zu stellen sein wird, ob Christen und Muslime zum selben Gott beten.

Es ist nicht leicht, innerhalb der christlichen Kirchen, zumal der Vielfalt des gelebten Protestantismus, eine Aussage zum Wesen Gottes zu treffen, die einen allgemeinen Konsens findet. Gerade innerhalb derjenigen Milieus, die sich innerhalb der protestantischen Kirchen im interreligiösen Dialog engagieren, begegnen oft Menschen, die der eigenen kirchlichen Lehrbildung gegenüber kritisch distanziert sind und sich einer biblisch-kirchlich gegründeten Theologie mit dem Beharren auf einem oft sehr individuellen Gottesbild selbstbewusst gegenüberstellen. Auf der Suche nach einem »kleinsten gemeinsamen Nenner«, der dafür Grundlage sein kann, christliche und islamische Gottesbilder ins Gespräch miteinander zu bringen, erscheint mir gerade angesichts dieser an Beliebigkeit grenzenden Individualität der Verweis auf die Ökumenischen Glaubensbekenntnisse von Konstantinopel und Nicäa die höchste Konsensfähigkeit zu versprechen.

> *Es ist nicht leicht, innerhalb der christlichen Kirchen, zumal der Vielfalt des gelebten Protestantismus, eine Aussage zum Wesen Gottes zu treffen, die einen allgemeinen Konsens findet.*

Christen aller Konfessionen bekennen Gott im Ökumenischen Glaubensbekenntnis von Nizäa-Konstantinopel von 381 n. Chr. »Wir glauben an den einen Gott«. Wir bekennen also den Glauben an den *einen* Gott. Wie eine Überschrift über den dann folgenden drei »Artikeln« steht dieser erste Satz, auch wenn er im Bewusstsein vieler Christinnen und Christen im sonntäglichen Bekenntnis des Apostolicums einzig mit dem ersten Glaubensartikel, dem Bekenntnis zu Gott Vater verknüpft wird. Die Eröffnung des Glaubensbekenntnisses verdichtet in besonderer Weise das Bekenntnis zu dem *einen* Gott, dessen Wesen danach in den Weisen seiner Zuwendung entfaltet wird als Vater, Sohn und Heiliger Geist.

Ganz ähnlich diesem eröffnenden Satz nehme ich das islamische Glaubensbekenntnis, arabisch »*Schahada*«, wahr: Stets auf Arabisch rezitiert, weist es sich als Bekenntnis bereits durch die einleitenden Worte aus: »*aschhadu*« – ich bezeuge, ganz parallel dem lateinischen »Credo«: *La illaha ila allah, (*Es gibt keinen Gott außer dem einen Gott) wa *Muhammadun rassul illah (und Muhammad ist Gottes Gesandter«).*

Der Blick auf die Bekenntnisse der christlichen Tradition zeigt Ähnlichkeiten und Unterschiede: Vergleichbar der Eröffnungszeile des Nicänum beginnt auch die *Schahada* mit dem Bekenntnis zu dem einen Gott.

Das islamische Glaubensbekenntnis allerdings enthält außer diesem sehr kurzen Abschnitt keine Ausführungen zum Wesen Gottes vergleichbar den Ausführungen der christlichen Bekenntnisse. Provokant könnte man so weit gehen, dass sogar Christen, dieses »*La illaha ila allah*« vor dem Hintergrund ihres trinitarischen Glaubensbekenntnisses für sich mitsprechen könnten. Obwohl also das islamische Glaubensbekenntnis selbst das Wesen Gottes nicht näher bestimmt, beziehen zentrale andere Texte des Korans Position gegen die im christlichen Bekenntnis zentrale Definition des Wesen Gottes als »dreieinig«.

Die Trinität der Christen wird dabei im Koran als polytheistische Göttertrias wahrgenommen, eine »Beigesellung«, die Gottes Einzigartigkeit und Allmacht in Frage stellt. Spannend ist, dass der Koran dabei eine Dreiheit aus Gott, Jesus und Maria annimmt: »O Jesus, Sohn Marias, warst du es, der zu den Menschen sagte: ›Nehmt euch neben Gott mich und meine Mutter zu Göttern‹?« (Sur. 5,116). Es ist religionswissenschaftlich nicht anders zu erklären, als dass sich darin Muhammads Wahrnehmung des ostsyrischen oder byzantinischen Christentums und dessen intensive und mitunter übersteigerte Verehrung der »Gottesmutter« wiederspiegelt.

Während das islamische Glaubensbekenntnis verglichen mit den christlichen Bekenntnissen in seinen Aussagen zum Wesen Gottes sehr knapp ausfällt, entfalten andere Koranverse, wie der folgende Vers Sur. 59,23–24 das Wesen Gottes in hymnischer Breite:

»Er ist Gott, außer dem es keinen Gott gibt, der König, der Heilige, der Inbegriff des Friedens, der Stifter der Sicherheit, der alles fest in der Hand hat, der Mächtige, der Gewaltige, der Stolze. Preis sei Gott! (er ist erhaben) über das, was sie (ihm) beigesellen.

Der Blick auf die Bekenntnisse der christlichen Tradition zeigt Ähnlichkeiten und Unterschiede: Vergleichbar der Eröffnungszeile des Nicänum beginnt auch die Schahada mit dem Bekenntnis zu dem einen Gott.

Er ist Gott, der Schöpfer, der Erschaffer, der Bildner. Sein sind die schönsten Namen.«

Der wohl zentralste Gottesname unter diesen 99 im Koran genannten ist »der Barmherzige, der Erbarmer« (*ar-rahman ar-rahim*). Mit einer Eröffnungsformel, die dem trinitarischen Votum vergleichbar ist, beginnt jede Koransure (bis auf eine Ausnahme) »im Namen des barmherzigen Erbarmers«. Dabei zeichnen auch im arabischen Wortklang, das ja wie das Hebräische eine semitische Sprache ist, die Worte für Gebärmutter (*rahim*) und der zentrale Gottesname (*ar-rahim*) Gottes Wesen als lebenspendende, bergende Zuwendung.

Die Verse der »eröffnenden Sure« (*al-Fatiha*, Sur.1) entfalten Gottes Wesen in einem Hymnus, der Gott anruft als »Herr der Welten« (*rabbi-l-alamin*). Gott ist Herr dieser und der kommenden Welt. Er ist der »König des Gerichtstags«. Wie in der christlich-jüdischen Vorstellung entscheidet das Verhalten des Menschen im Diesseits über Lohn oder Strafe in der »kommenden Welt«. Die Betenden bitten Gott um Hilfe dafür, auf den »geraden Weg« der »Rechtleitung« und nicht den der »Irrleitung« geführt zu werden.

Wer aber sind dann jene, von denen es heißt, sie hätten Gottes Zorn erregt und gingen in die Irre (V. 6 u.7 al-Fatiha). Im »Standardkommentar« der sunnitischen Theologie (*al-Jalalayn*) aus dem 16. Jahrhundert wird erklärt, diese beiden Gruppen seien Juden und Christen. Dem widersprechen jedoch jene vielen Koranstellen, die zum wertschätzenden Umgang mit den Anhängern der anderen Buchreligionen aufrufen. Sure 3,110 etwa betont, dass es unter den Christen »wirkliche Gläubige« gebe und Sure 5,65–66 versichert, dass Christen ins Paradies eingingen, wenn sie sich nur an ihre Offenbarung – das Evangelium (*indschil*) – hielten.

Dennoch weist die theologische Tradition des Islam die Christen in einem entscheidenden Punkt als »irregeleitet« aus, eben dem Bekenntnis zur Sohnschaft Jesu Christi und damit zur auch »Vaterschaft« Gottes.

Dennoch weist die theologische Tradition des Islam die Christen in einem entscheidenden Punkt als »irregeleitet« aus, eben dem Bekenntnis zur Sohnschaft Jesu Christi und damit zur auch »Vaterschaft« Gottes.

Vergleichbar dem jüdischen Glaubensbekenntnis, dem sog. »Schema Israel« in 5. Mose, 6 bekennt Sure 112 (*al-ikhlas*) Gott als den »*Einen (ahad) ewig reinen (samad)*«. Mehr als »rein«, wie der Orientalist Friedrich Rückert übersetzte, bringt das arabische Wort *samad* zum Ausdruck, dass Gott in sich unteilbar, vollkommen, ewig und unveränderlich ist. Noch gesteigert wird dies erklärt in der Aussage, dass er »nicht zeugt und selbst ungezeugt ist« (Sur.112,4). In doppelter Zielrichtung wendet sich dies sowohl gegen das vorislamische Götterpantheon der alten Araber mit seinen vielen Töchtern Gottes als auch gegen die christliche Vorstellung von Gott Vater und Gott Sohn.

Dabei genießt Jesus, dem der zweite Artikel der christlichen Glaubensbekenntnisse gilt, im Islam hohes Ansehen als Prophet. Unter dem Namen Isa ibn Maryam, Jesus Sohn der Maria, trägt er den Würdetitel »Messias« (*masih*), wird als »ein Wort Gottes« und »Geist Gottes« (Sur.4,171) bezeichnet. In verschiedenen koranischen Textversionen wird die Verkündigung durch den Engel Dschibril und die Jungfrauengeburt geschildet (z. B. Sur.19). Der koranische Jesus tut Wunder, erweckt Tote, heilt Blinde und Aussätzige und setzt die Eucharistie als »ewige Feier und Zeichen« (Sur. 5, 114) ein. Die Vorstellung, aber dieser Jesus mehr als ein Prophet ist, wird im Koran strikt abgelehnt (Sur. 4,171): »Gott ist ein einziger, er ist darüber erhaben, ein Kind zu haben«. Der koranische Jesus selbst weist dies in Sur. 5,116 weit von sich: »*Ich habe ihnen nur gesagt, was du mir befohlen hast: Dienet Gott, meinem und eurem Herrn!*«

Die wichtigste Meinungsverschiedenheit zwischen Christen und Muslimen schließlich besteht in der Frage nach Leiden, Sterben und Auferstehung Jesu. Während Christen darin den Zielpunkt von Gottes Selbstoffenbarung glauben und dies in den breiten Ausführungen des 2. Glaubensartikels bekennen, werden Leiden, Kreuzestod und Auferstehung Jesu von Muslimen kategorisch negiert (Sur.4,157–159). Der koranische Isa ibn Maryam, wird als gerechter Prophet vor der Schmach eines solchen Todes bewahrt und ähnlich dem biblischen Elija leibhaftig in den Himmel entrückt. Kreuzestod und Auferstehung sind also in islamischer Deutung nur eine »Fata Morgana« der Christen. Rückgebunden an das Apostolicum blieben vom 2. Glaubensartikel aus muslimischer Sicht die folgenden Worte übrig: *Und an Jesus Christus, empfangen durch den Heiligen Geist, geboren von der Jungfrau Maria.* Diese Zuspitzung macht deutlich, dass trotz der »Inklusion« Jesu in das islamische Glaubenssystem, die für Christen entscheidende Heilsdimension von Inkarnation, Kreuz und Auferstehung ganz verschwunden ist. Einzig die wundersame Geburt bleibt als »Rumpf« stehen. Aber auch hier ist das eigentlich Skandalon des »fleischgewordenen Wort« verschwunden. Es bleibt ein jungfräulich empfangener Prophet.

Auch deshalb sucht man auch eine Entsprechung zum 3. Glaubensartikel der christlichen Bekenntnisse vergebens. Die Lehre vom Heiligen Geist findet im Gespräch mit dem Islam rund um die Gottesfrage keinen Anknüpfungspunkt. Zwar begegnet der Begriff »Heiliger Geist« (*ruh-ul-qudus*) an einigen, wenigen Stellen im Koran. Der Geist wird hier aber ausschließlich als Offenbarungsmittler für den Koran verstanden, als Bote, der den Koran »herabbringt« (Sur.16,102). An keiner Stelle findet eine Aus-

Die wichtigste Meinungsverschiedenheit zwischen Christen und Muslimen schließlich besteht in der Frage nach Leiden, Sterben und Auferstehung Jesu.

einandersetzung mit der christlichen Lehre vom Heiligen Geist statt, »der Herr ist und lebendig macht«. Stattdessen wird gerade im muslimischen Volksglauben der Heilige Geist fast immer mit der Person des Engels Dschibril (Gabriel) gleichgesetzt. Der Geist als Engel ist nur Mittler, Geschöpf und untergeordneter Diener Gottes.

In welcher Weise, sich der christliche Glaube an Gott, den Heiligen Geist, auf die »Gotthaltigkeit« der Welt und das Leben des Menschen als »Heiligung« auswirkt, bleibt Muslimen vor dem Hintergrund ihres Gottesbildes nicht nachvollziehbar. Die christliche Erfahrung von Gottes geistvoller Gegenwart in der Gemeinschaft seiner Gläubigen entfaltet sich ja aus der Bewegung, die Athanasius mit den Worten schildert, dass »das Göttliche Wort (Logos) Mensch wurde, damit wir vergöttlicht werden«.

Umso überraschender ist, dass Muslime auf die Frage, ob Christen an denselben Gott wie sie glauben, stets die Übereinstimmung im Gottglauben von Islam, Judentum und Christentum betonen und die Kontinuität zum Glauben der Erzväter und der Propheten hervorheben. »Wir machen bei keinem von ihnen einen Unterschied«, heißt es dazu in Sur.2,136 (auch Sur. 29,46). Der Islam und die Botschaft des Korans verstehen sich dabei freilich als finale Korrektur des biblischen Gottesbildes mit Muhammad als entscheidendem »Gesandten«, der ein durch die Abirrungen christlicher Theologie korrumpiertes Gottesbild wiederherstellt. Die Christen verehren also denselben Gott, aber eben nicht auf die richtige Weise. Dies schenkt dem christlichen Selbstverständnis nicht angemessen Raum, sondern zeichnet das Wunschbild eines »islamisierten Christentums«. Ein Bemühen, das Christentum auf dem Boden seines eigenen Selbstverständnisses im Rahmen der biblischen und kirchlichen Zeugnisse wahrzunehmen, begegnet fast nie.

Haben wir uns eingangs an den Vergleich der Glaubensaussagen auf Basis der Bekenntnisse von Christentum und Islam gewagt, so muss der Vollständigkeit halber auch noch der zweite Teil der sogenannten *Schahada* in den Blick geraten: Parallel dem 2. Glaubensartikel der christlichen Bekenntnisse wird hier über Muhammad ausgesagt: (ich bezeuge), dass Muhammad der Gesandte Gottes ist (*wa Muhammadun rassul illah*). Könnten Christen das Prophetenamt Muhammads anerkennen und welche Folgen würde dieses Bekenntnis haben? In der Tat glauben wir Christen ja, dass es auch nach Christus Prophetie gibt (z. B. 1.Kor.12 und 13). In diesem Sinn können Christen nachbiblische Prophetie akzeptieren. Ja, noch mehr, sie müssen damit rechnen, dass Gott auch heute durch Propheten redet. Erinnern mit Blick auf die koranische Botschaft nicht viele Elemente, wie der Ruf zu Umkehr, Buße und sozialer Gerechtigkeit an die Verkündigung der alttestamentlichen Propheten wie Amos oder Hosea. Wäre es nicht ein Zeichen von Toleranz und theologischer Weite, auch die Verkündigung des Korans als nachbiblische Prophetie zu lesen? Dies aber würde vergessen machen, dass es einem christlichen Verständnis von Prophetie nach keine Prophetie geben kann, die nicht aus dem Heiligen Geist und in Übereinstimmung mit dem Evangelium des Auferstandenen steht.

Beide Punkte aber, so haben wir gezeigt, haben in der islamischen Gotteslehre keinen Platz. Verstärkend kommt hinzu, dass Muhammad den Anspruch erhob, als »Prophet« der letztgültige Offenbarer von Gottes Wort zu sein und mit dem Koran alle bisherigen prophetischen Verkündigungen zu korrigieren. Da dem islamischen Glaubensverständnis eine solche, ganz eigene Geschichtstheologie zugrundeliegt, die noch dazu den Kern des christlichen Glaubens, das Evangelium, kategorisch ablehnt, ist es unmöglich, dass Christen Muhammad als Gesandten Gottes *(rassulu llah)* bekennen, ohne die christliche Bekenntnisgrundlage zu verlassen und letztlich Muslime zu werden.

Als Ergebnis dieses Gangs durch zentrale Texte und Aussagen islamischer Tradition zum Gottesbegriff vor dem Hintergrund des christlichen Glaubensbekenntnisses, wage ich eine christliche Antwort auf die Frage, ob Christen und Muslime an denselben Gott glauben:

Ja, Christen und Muslime gleichermaßen glauben an den EINEN GOTT, aber sie glauben nicht an denselben Gott. Sie teilen das Bekenntnis, dass es nur einen Gott gibt, sind aber an entscheidenden Punkten unterschieden in ihrem Verständnis, wie diese »Einheit« zu verstehen ist.

Die Weltmissionskonferenz 1989 von St. Antonio fasst diese Spannung aus christlicher Sicht in die prägnanten Worte: »Wir kennen keinen anderen Weg zum Heil als Jesus Christus. Gleichzeitig können wir dem Heilswirken Gottes keine Grenzen setzen. Zwischen diesen beiden Aussagen besteht eine Spannung, die wir anerkennen und die wir nicht lösen können [...] Wir haben keine Möglichkeit, außerhalb unseres eigenen Glaubens etwas über die Heilserfahrung anderer Religionen positiv oder negativ auszusagen«.

In diesem Sinn lautet auch die Antwort auf die Frage, ob Christen und Muslime zum selben Gott beten: Wenn aus christlicher Sicht, Gott einer ist, Schöpfer, Erlöser und gegenwärtige Geistkraft, dann beten auch Muslime in ihrem Gebet zu keinem anderem Gott als diesem dreieinen, auch wenn er sich ihnen nicht in diesem umfassenden Sinn erschließt. Warum Gott sich Muslimen im Glaubensgründungsgeschehen des Islam auf diese dem Christentum so ähnliche und gleichzeitig grundlegend unterschiedene Weise offenbart hat, entzieht sich aber letztlich unserem Erkenntnisvermögen als Gläubige.

Als bedenklich erlebe ich, dass einer solchen biblisch-theologisch gegründeten Aussage, wie sie hier formuliert wird, im Umfeld der interreligiösen Dialogarbeit in Deutschland durch evangelische Christen selbst oft vehement widersprochen wird. Wie bereits eingangs beschrieben, herrscht in Teilen des »real existierenden Protestantismus« ein Individualismus, der mit großem Selbstbewusstsein das eigene Gottesbild jenseits der biblischen Grundlagen und kirchlichen Lehren definiert. Die Frage nach dem »gemeinsamen Gott«, wird dann oft als Ausdruck einer vermeintlich modernen, liberalen Haltung bejaht. Jesus, der moralische Erzieher des Kulturprotestantismus kann gut anknüpfen an die muslimische Deutung der Person des Isa b. Maryam als Prophet. Mag eine solche Position auch dem äußeren Anschein nach tolerant und anschlussfähig für den Dialog mit Muslimen erscheinen, den Dialog der Religionen befördert sie nicht, weil diese Haltung die genuine Mitte und das Wesen des christlichen Gottesbekenntnisses preisgibt. Ja, eine solche Position erregt letztlich bei muslimischen Gesprächspartnern kaum den Eindruck eines gelebten christlichen Glaubens, sondern eher das Gefühl, dass es hier jemand mit seinem eigenen Glauben nicht mehr ernst meint.

Mit einem persönlichen Ausblick beschließe ich meine Ausführungen:

Mit Staunen erlebe ich immer wieder, wie mir der dreieinige Gott auch im »Haus des Islam« begegnet und mir ebenso durch die Geschwister im Islam als »Menschensohn« nahekommt. Die langjährige Begegnung mit Muslimen, mit Menschen, die Weggenossen und Freunde geworden sind, hier und im Nahen Osten, hat mir mein eigenes Christsein in seinen trinitarischen Dimensionen geheimnisvoll neu erschlossen. Dafür danke ich: *»O welch eine Tiefe des Reichtums, beides, der Weisheit und der Erkenntnis Gottes! Wie unbegreiflich sind seine Gerichte und unerforschlich seine Wege!«* (Röm.11,33)

Dr. Thomas Amberg (*1978) ist Bruder im Konvent Bayern der Evangelischen Michaelsbruderschaft. Als Pfarrer in der Evang.-Luth. Kirche in Bayern und promovierter Islamwissenschaftler leitet er das das interreligiöse Begegnungszentrum BRÜCKE in Nürnberg.

Mit Staunen erlebe ich immer wieder, wie mir der dreieinige Gott auch im »Haus des Islam« begegnet und mir ebenso durch die Geschwister im Islam als »Menschensohn« nahekommt.

Die Entdeckung des trinitarischen Grundes der Kirche in der ökumenischen Bewegung

von Mario Fischer

Die Kirche – Gottes Werk und Menschenwerk

Dem evangelischen Gläubigen ist ein gewisser Argwohn gegenüber der Kirche in die Wiege gelegt. Zwar wird die Kirche als Heimat, Glaubens- und Lebensraum sowie Werkzeug, durch das Gott in und an der Welt handelt, wahrgenommen, doch ist zugleich Vorsicht geboten, wenn sich die kirchliche Organisation Rechte anmaßt, die allein Gott zukommen. Schon die Reformatoren hatten Mühe, die *una, sancta, catholica et apostolica Ecclesia* in der vorfindlichen Kirche zu entdecken, welche doch Reformatoren verurteilte, verfolgte und sie zum Teil auch hinrichten ließ. So kam man in der *Confessio Augustana* 1530 darin überein, dass sich die eine heilige, christliche Kirche dort entdecken lässt, wo das Evangelium rein verkündet und die Sakramente recht gereicht werden. (CA 7) Die Kirche – Gottes Werk und Menschenwerk – beides lässt sich nicht voneinander trennen. Sie ist immer menschliche Gemeinschaft, die auch räumliche und zeitliche Organisationsformen braucht, und zugleich göttliche Gemeinschaft, die Raum und Zeit überdauert und eng mit dem Reich Gottes verbunden ist. Die Zweideutigkeit ist immer mitgegeben. Vielleicht sprechen wir deshalb so gerne von der Kirche Jesu Christi. Nicht nur, weil in vielen neutestamentlichen Bildern, wie dem von dem Weinstock und den Reben (Jh 15,5), dem Haupt und den Gliedern (Kol 1,18) oder dem Leib Christi (1 Kor 12,27), Christus als der Herr der Kirche angesehen wird, sondern weil in Christus selbst diese Uneindeutigkeit begründet ist. Er ist eben »wahrer Mensch und wahrer Gott«, wie es die Zwei-Naturen-Lehre des Konzils von Chalzedon (451) formulierte – unvermischt und ungetrennt. Über die Jahrhunderte bildete diese Zuordnung von menschlicher und göttlicher Sphäre den Raum, in dem das Pendel des Kirchenverständnisses schwang.

Der ökumenische Aufbruch

Als Otto Dibelius 1927 ein Buch mit dem programmatischen Titel »Das Jahrhundert der Kirche« veröffentlichte, bestimmte er dieses Verhältnis als Gottes Werk in menschlicher Geschichte:

Die Kirche ist immer menschliche Gemeinschaft, die auch räumliche und zeitliche Organisationsformen braucht, und zugleich göttliche Gemeinschaft, die Raum und Zeit überdauert und eng mit dem Reich Gottes verbunden ist.

»Die evangelische Kirche steht am Anfang ihres Jahrhunderts. Nicht menschliches Planen, nicht menschliche Betriebsamkeit hat das zuwege gebracht. In den Wettern der Geschichte ging Gott seinen Weg. Er ließ werden, was nach seinem majestätischen Willen werden sollte. Er zog die deutsche evangelische Christenheit hinein in die Bewegung, die über die ganze Erde dahingeht. Nun ist es an uns, diesen Willen Gottes zu bejahen. Es ist an uns, die Gabe Gottes fest in die Hand zu nehmen. Es ist an uns, mit dem Pfunde zu arbeiten, das uns anvertraut ist.«[1]

Das 20. Jahrhundert wurde tatsächlich zu einem Jahrhundert der Kirche, zu einem Jahrhundert, in dem die ökumenische Dimension der Kirche wieder neu entdeckt wurde – in ihrem weltumspannenden und in ihrem die christlichen Konfessionen übergreifenden Aspekt. Als ihre beiden Höhepunkte lassen sich sicherlich die Institutionalisierung der Ökumenischen Bewegung durch die Gründung des Ökumenischen Rats der Kirchen 1948 in Amsterdam und das Zweite Vatikanische Konzil 1962–1965 ansehen. Ob dies allerdings den Vorstellungen Dibelius' entsprach, ist fraglich.

Auch die Gründung und der Dienst der Evangelischen Michaelsbruderschaft (EMB) dürfen vor diesem Hintergrund als Dienst an der Kirche in ökumenischer Dimension verstanden werden.[2] Immer wieder hat sich die EMB in die Diskussion um Wesen und Auftrag der Kirche eingebracht[3] – zuletzt mit der Schrift »Kirche sein heute – eine Selbstvergewisserung«.[4]

Als die EMB im Rahmen der Diskussionen um die Kirchenkonstitution des Zweiten Vatikanischen Konzils 1963 einen Kommentar für das Sekretariat für die Einheit der Christen in Rom verfasste, wies sie einen neuen Horizont für das Verständnis der Kirche auf:

»Bei allen Aussagen über die Kirche ist hervorzuheben, daß in ihr nach dem Willen des Schöpfers Menschen gerufen und vereinigt

---

[1] Dibelius, Otto: Das Jahrhundert der Kirche. Geschichte, Betrachtung, Umschau und Ziele, Berlin ⁵1928, 197.

[2] Vgl. das Vorwort des Ältesten der EMB Reinhard Mumm zum 50-jährigen Bestehen der Bruderschaft, in: Die Evangelische Michaelsbruderschaft. Fünfzig Jahre Dienst an der Kirche, zusammengestellt von Gerhard Hage, Kassel 1981, 7.

[3] Vgl. Fischer, Mario: Credo ecclesiam. Unerhörte ekklesiologische Zwischenrufe in die kirchlichen Neuordnungsdebatten der 1950er Jahre, Materialdienst des Konfessionskundlichen Instituts 69 (2018), 33–38.

[4] Vgl. Kirche sein heute – eine Selbstvergewisserung. zum Reformationsgedenken 2017 von einer Arbeitsgruppe im Auftrag des Rates der Evangelischen Michaelsbruderschaft erarbeitet und herausgegeben, Beiheft zum Rundbrief 3/2017. Online unter: https://www.michaelsbruderschaft.de/Messen_inDeutschland/pdf/Kirche-sein-heute.pdf (abgerufen am 14. März 2018).

Gesegnet,
von Tom Kattwinkel

sind, damit sie durch den göttlichen Logos im Heiligen Geist zu neuem Leben erlöst werden. [...] Indem vom Heiligen Geist gesprochen wird, soll eine einseitig christologisch orientierte Ekklesiologie vermieden werden.«[5]

Indem die EMB auf die einseitige Orientierung der Ekklesiologie auf die Christologie verwies, nahm sie verschiedene Ansätze, die in der Ekklesiologie seit den 1950er Jahren diskutiert wurden, auf und öffnete den Blick für ein Verständnis der Kirche, das nicht bei Christus, sondern beim dreieinigen Gott ansetzt. Dieser Gedanke wurde in der Communio-Ekklesiologie des Zweiten Vatikanischen Konzils aufgegriffen und hat sich seit den 1980er und 1990er Jahren in der Koinonia-Ekklesiologie durchgesetzt.[6] Die vor allem auf katholischer Seite bestehende Betonung der Institu-

[...] öffnete den Blick für ein Verständnis der Kirche, das nicht bei Christus, sondern beim dreieinigen Gott ansetzt.

[5] Bemerkungen des Rats der Evangelischen Michaelsbruderschaft aus Anlaß des Konzilsschemas »Über die Kirche« vom 21. März 1963, in: Die Evangelische Michaelsbruderschaft (wie Anm. 2), 113.

[6] Dabei ist zu beachten, dass sowohl das lateinische »communio« als auch das griechische »koinonia« »Gemeinschaft« bedeuten.

tionalität der Kirche, d. h. ihres Charakters als Heilsanstalt durch ihre Stiftung (*institutio*) durch den historischen Christus, erhielt eine neue Richtung.[7] Die Frage ist nun weniger, wie sich göttliche und menschliche Aspekte in der Lehre von der Kirche zueinander verhalten, sondern eher, wie der Grund der Kirche in Gott zu verstehen ist und was dies für das Leben der Kirche bedeutet.

Der trinitarische Grund der Kirche

Der Begriff der *Communio*, bzw. *Koinonia* wurde ursprünglich in die ekklesiologische Debatte eingeführt, um das Verhältnis verschiedener konkreter Kirchen zueinander und zu der einen heiligen christlichen Kirche zu bestimmen. Dabei war der Blick in der römisch-katholischen Kirche wesentlich auf das Verhältnis der Ortskirchen, denen jeweils ein Bischof vorsteht, zueinander und zu der einen Kirche unter dem Bischof von Rom gerichtet, während in der restlichen Ökumene unter dem Begriff der Kirchengemeinschaft (*communio/koinonia*) Konzeptionen der Einheit bekenntnisverschiedener Kirchen entwickelt wurden. Ein Meilenstein war hier die Erklärung von Kirchengemeinschaft bekenntnisverschiedener evangelischer Kirchen durch die Leuenberger Konkordie 1973 und die Verwirklichung derselben in der Gemeinschaft Evangelischer Kirchen in Europa. Seitdem sind auf verschiedenen Erdteilen weitere Kirchengemeinschaften entstanden.[8]

Indem als der Grund der *Koinonia* der Kirche die *Koinonia* innerhalb des dreieinigen Gottes angesehen wurde, erhielt die ökumenische Diskussion um das Wesen der Kirche jedoch eine neue Tiefe. Auf der 5. Weltkonferenz für Glaube und Kirchenverfassung, die unter dem Motto »On the way to fuller *koinonia*« stand, erklärte der orthodoxe Metropolit von Pergamon Johannes Zizioulas, das Verständnis der Kirche als *Koinonia* habe seinen Grund in dem trinitarischen Gottesverständnis selbst:

> »*God* **is** *Trinitarian; he is relational by definition; a non-Trinitarian God is not koinonia in his very being. Ecclesiology must be based on Trinitarian Theology if it is to be an ecclesiology of communion.*«[9]

---

[7] Vgl. Friedrich, Martin: Kirche (Ökumenische Studienhefte 14), Göttingen 2008, 164–173.

[8] Vgl. Dokumente wachsender Übereinstimmung 3, hrsg. von Harding Meyer u. a., Paderborn/Frankfurt 2003, 723–834 und Dokumente wachsender Übereinstimmung 4, hrsg. von Johannes Oeldemann u. a., Paderborn/Leipzig 2012, 1331–1336.

[9] Metropolit John (Zizioulas) von Pergamon: The Church as Communion. A Presentation on the World Conference Theme, in: On the Way to Fuller Koinonia. Official Report of the Fifth World Conference on Faith and Order, hrsg. von Thomas F. Best und Günther Gassmann, Faith and Order Paper 166, Genf 1994, 103–111, hier: 104.

So wird für Zizioulas die Kirche zu einer »Ikone der Dreieinigkeit«[10] – eine Formulierung, die auch Johannes Paul II. 2003 in seiner Enzyklika »Ecclesia de Eucharistia« aufgriff – sie wird transparent auf den dreieinigen Gott und Abbild seines Wesens.[11] Darin steht Zizioulas in der Tradition verschiedener Kirchenväter der Ostkirche wie der Westkirche.[12]

Indem Gott in der Trinitätslehre wesentlich als Beziehungswesen bestimmt wird, werden die Beziehungen zwischen den Kirchen untereinander und zu Gott zu einem wesentlichen Aspekt des Verständnisses des Kirche-Seins. Dieser Grundgedanke wurde in vielen seither erschienenen theologischen Entwürfen über das Wesen der Kirche aufgegriffen. Auch wurde der Reichtum an neutestamentlichen Bildern für die Kirche neu gesichtet und neben den eingangs erwähnten christologischen Motiven wurden auch die Bilder für die Kirche beachtet, die stärker auf Gott den Vater und auf den Heiligen Geist verweisen.

Der römisch-katholisch/evangelisch-lutherische Dialog formulierte dies 1993 in einem Bericht folgendermaßen:

> *»So wurzelt die Kirche – ob man sie als ›Volk Gottes‹, als ›Leib Christi‹ oder als ›Tempel des Heiligen Geistes‹ betrachtet – in der untrennbaren Gemeinschaft oder Koinonia der drei göttlichen Personen und wird dadurch selbst als Koinonia konstituiert. Als Koinonia ist sie primär nicht die Verbindung der Gläubigen untereinander, sondern zuerst und grundlegend die Koinonia der Gläubigen mit Gott dem Dreieinigen, dessen innerstes Sein Koinonia ist. Zugleich aber ist die Koinonia der Gläubigen mit dem dreieinigen Gott untrennbar von ihrer Koinonia unter- und miteinander.«*[13]

Das heißt: Gottes innerstes Sein ist *Koinonia*. Die Kirche ist *Koinonia*, da sie die Gemeinschaft mit Gott lebt, der selbst Gemeinschaft ist. Dadurch leben die Christen die Gemeinschaft auch untereinander. Kirchengemeinschaft als Gemeinschaft von Gemeinschaften wird zu einer selbstverständlichen Dimension des Kirche-Seins.

---

[10] Mit dieser Formulierung fasst Miroslav Volf im Titel der englischen Fassung seines Buchs Zizioulas' These zusammen. »After Our Likeness. The Church as the Image of the Trinity«, Grand Rapids/Cambridge 1998.

[11] Vgl. Johannes Paul II.: Ecclesia de Eucharistia, § 50. (Verlautbarungen des Apostolischen Stuhls 159) Bonn 2003, 44.

[12] Vgl. Volf, Miroslav: Trinität und Gemeinschaft. Eine ökumenische Ekkklesiologie, Mainz/Neukirchen-Vluyn 1996, 186.

[13] Kirche und Rechtfertigung. Das Verständnis der Kirche im Licht der Rechtfertigungslehre. Bericht der Gemeinsamen Römisch-katholischen/Evangelisch-lutherischen Kommission, 1993, in: Dokumente wachsender Übereinstimmung 3, hrsg. von Harding Meyer u. a., Paderborn 2003, 340.

Grenzen der trinitarischen Analogie

Doch zugleich birgt die trinitarische Begründung der kirchlichen *Koinonia* auch manche Schwierigkeiten. War durch die christologische Orientierung der Ekklesiologie stets die Spannung zwischen Gotteswerk und Menschenwerk angezeigt, so besteht nun die Gefahr, die Kirche einseitig der göttlichen Sphäre zuzuordnen. Dem versuchte man durch Formulierungen zu begegnen, wie: »Die Kirche ist die vom dreieinigen Gott ins Leben gerufene Gemeinschaft der Gläubigen und somit eine – gottgeschaffene – menschliche Wirklichkeit.«[14] Darüber hinaus entsteht die Versuchung, im Analogieschluss verschiedene Überlegungen aus der Gotteslehre auf die Lehre von der Kirche zu übertragen. Zwischen den unterschiedlichen Konfessionskirchen bestehen weiterhin Differenzen im Hinblick darauf, wie das asymmetrische Verhältnis zwischen den Personen der Trinität zu verstehen ist, wie es sich am Beispiel des *filioque*-Streits aufweisen lässt, bei dem es um die Frage geht, ob der Heilige Geist von Gott dem Vater oder vom Vater und dem Sohn hervorgeht. Einer Identifizierung der einzelnen Personen der Trinität mit kirchlichen Realitäten muss eine Absage erteilt werden. Die Analogie des Gemeinschaftsprinzips lässt sich nicht auch um einen Analogieschluss auf die Personen innerhalb der Gemeinschaft ergänzen.

Einer Identifizierung der einzelnen Personen der Trinität mit kirchlichen Realitäten muss eine Absage erteilt werden.

Es ist wichtig, sich im Bewusstsein zu halten, dass wir es bei diesen Gedanken einer trinitarischen Ekklesiologie mit analogen Aussagen zu tun haben. Der gleiche Begriff »Koinonia« wird für verschiedene Sachverhalte, nämlich die innertrinitarische und die kirchliche Gemeinschaft verwendet. Dabei hat »Koinonia« weder eine univoke, d. h. identische, Bedeutung, noch eine äquivoke, d. h. unterschiedliche, Bedeutung. Die Bedeutung ist analog, d. h. sie ist recht ähnlich. Man ist gut beraten, sich zu erinnern, dass das Vierte Laterankonzil 1215 für die Anwendung einer Analogie auf die Gotteslehre die klassische Formulierung geprägt hat, dass die Unähnlichkeit die Ähnlichkeit übersteigt. Also bei jeder Aussage über Gott und sein Wesen können wir nur mit Worten sprechen, die eine ähnliche Bedeutung von dem haben, was wir sonst damit bezeichnen.

Gott offenbart sich als Dreieiner

Dies ist besonders bei Fragen der Trinitätslehre der Fall, die ein Ergebnis christlicher Reflexion ist. Was lässt sich überhaupt

---

[14] A.a.O., 335.

guten Gewissens über die innertrinitarischen Beziehungen aussagen? Karl Rahner erklärte in seinem »Grundkurs des Glaubens«: »Die ökonomische Trinität *ist* die immanente und umgekehrt.«[15] Dies heißt sehr knapp zusammengefasst: So, wie sich uns Gott in der Heilsgeschichte als Vater, Sohn und Heiliger Geist gezeigt hat, so ist Gott auch in sich selbst. Und so, wie Gott in sich selbst ist, so hat er sich auch in der Geschichte gezeigt. Dagegen betonte sein früherer jesuitischer Ordensbruder Hans Urs von Balthasar, dass wir zwar von der immanenten Trinität Gottes nur dadurch Kenntnis haben, dass er sich in der Heilsgeschichte offenbart hat, dass wir deshalb aber nicht die ökonomische Trinität mit der immanenten identifizieren dürften: Gott hat schon in sich geliebt, als er sich noch nicht der Welt als liebender Gott offenbart hat.[16]

Die trinitarische Ekklesiologie braucht also eine Selbstbeschränkung: »Das trinitarische Verständnis der Kirche lokalisiert die Kirche im Zusammenhang der Heilsökonomie des trinitarischen Gottes.«[17] Eine evangelische Lehre von der Kirche, die ihren Grund im dreieinigen Gott hat, muss daher dort ansetzen, wie und wo sich Gott uns als Dreieiniger gibt: in der Heilsgeschichte, im göttlichen Wort, im Evangelium. »Wird der Grund der Kirche im trinitarischen Sich-geben Gottes zum Ausdruck gebracht, folgt, daß die in der lutherischen Tradition zentrale Bezeichnung der Kirche als *creatura verbi divini* oder *creatura evangelii* streng trinitarisch zu interpretieren ist.«[18] Daher setzt auch die Kirchenstudie »Die Kirche Jesu Christi« der Gemeinschaft Evangelischer Kirchen in Europa von 1994 an diesem Punkt an. Dort heißt es:

> »Die Kirche gründet in dem Wort des dreieinigen Gottes. Sie ist Geschöpf des zum Glauben rufenden Wortes, durch das Gott den von ihm entfremdeten und ihm widersprechenden Menschen mit sich versöhnt und verbindet, indem er ihn in Christus rechtfertigt und heiligt, ihn im Heiligen Geist erneuert und zu seinem Volk beruft.«[19]

---

[15] Rahner, Karl: Bemerkungen zum Dogmatischen Traktat »De Trinitate«, in: Ders.: Schriften zur Theologie IV (1960), 103–133, hier: 115. Weiter ausgeführt in Rahner, Karl: Grundkurs des Glaubens, Freiburg 1984, 141.

[16] Vgl. von Balthasar, Hans Urs: Theodramatik II/1, Einsiedeln 1978, 466.

[17] Schwöbel, Christoph: Kirche als Communio, in: Ders.: Gott in Beziehung. Studien zur Dogmatik, Tübingen 2002, 379–435, hier: 425.

[18] A. a. O., 424.

[19] Die Kirche Jesu Christi. Der reformatorische Beitrag zum ökumenischen Dialog über die Einheit der Kirche, hrsg. von Michael Bünker und Martin Friedrich (Leuenberger Texte 1), Leipzig ⁵2018, 32.

Schluss

Durch die Wiederentdeckung der altkirchlichen trinitarischen Begründung der Ekklesiologie in der zweiten Hälfte des 20. Jahrhunderts konnte im ökumenischen Miteinander der Kirchen die Engführung auf die christologische Orientierung der Ekklesiologie aufgebrochen werden. Im Mittelpunkt stand nun nicht mehr die Frage, welche Kirche als Heilsanstalt die von Christus eingesetzte Kirche repräsentiert und wie göttlicher und menschlicher Aspekt in der verfassten Kirche miteinander verwoben sind, sondern wie die innertrinitarische Trinität im Leben der Kirchen ihren Ausdruck findet. Folglich wurden Einheitsmodelle entwickelt, welche die Koinonia der Kirchen mit Gott und untereinander betonen. Wie Gott sich in der Geschichte offenbart, lässt darauf schließen, dass er selbst Beziehung und Liebe ist. So soll auch das Miteinander der Kirchen durch Beziehung und Liebe geprägt sein. In ihrer Beziehung zu Gott und untereinander sollen die Kirche zur Einheit finden.

*Dr. Mario Fischer (*1976) ist Generalsekretär der Gemeinschaft Evangelischer Kirchen in Europa. Er ist Pfarrer der Evangelischen Kirche in Hessen und Nassau und lebt in Wien.*

Altkirchliche Stimmen zum trinitarischen Glauben

Zusammengestellt und kommentiert von Heiko Wulfert

Die trinitarischen Streitigkeiten bestimmen über eine lange Zeit das Bild der Alten Kirche[1]. Mit der Botschaft des Neuen Testamentes musste man am jüdischen Monotheismus festhalten und bediente sich der vorliegenden Denkmodelle hellenistischer Philosophie, um das Verhältnis von Gott und Logos, bzw. von Vater, Sohn und Geist zu beschreiben. Zu Beginn stehen sich Adoptianismus (Christus ist ein von Gott adoptierter, außerordentlicher Mensch), Subordinatianismus (Christus als dem Vater untergeordnetes Gotteswesen, das bei der Geburt inkarniert) und Modalismus (Vater, Sohn und Geist als drei Erscheinungsweisen der einen Gottheit) gegenüber. Im theologischen System des großen **Origenes** (148–253) wird die Lehre von den drei göttlichen Hypostasen aufgenommen und ausgeführt, die von da an die Diskussion bestimmt. Origenes beschreibt auch das Verhältnis des Vaters zum Sohn als ewige Zeugung und schreibt allen drei göttlichen Hypostasen anfangslose Ewigkeit zu, vermeidet aber nicht den Einfluss der subordinatianischen Christologie, sieht also Vater, Sohn und Geist als Hypostasen in absteigender Rangordnung.

Origenes Contra Celsum 5,39 / 8,12; / De Principiis 1,3,5:[2]

[...] Weisheit und Gerechtigkeit sind in unseren Augen der Sohn Gottes, wie uns Sein echter Jünger gelehrt hat, wenn er von Ihm sagte: »Er ist uns gemacht von Gott zur Weisheit und zur Gerechtigkeit und zur Heiligung und zur Erlösung«[3]. Wenn wir also von Ihm auch als von einem zweiten Gott reden, dann soll man wissen, dass wir mit dem zweiten Gott nichts anderes meinen als die Tugend, welche alle anderen Tugenden in sich begreift, und die Vernunft, die jedwede Vernunft der Dinge in sich enthält [...]

---

[1] Hilfreich bei der Auswahl aus der großen Menge der Texte war: M.J. Rouët de Journel; Enchiridion patristicum. Loci SS. Patrum, Doctorum Scriptorum ecclesiasticorum; Freiburg [24]1981 und ders. / J. Duttilleul; Enchiridion Asceticum. Loci SS. Patrum et Scriptorum eccelsiasticorum ad Ascesim spectantes; Freiburg [6]1965. Die dort entnommenen Stellen sind nach der Väterausgabe von Migne zitiert.

[2] Aus: Adolf Martin Ritter; Alte Kirche (=Kirchen- und Theologiegeschichte in Quellen I); Neukirchen-Vluyn 1977; 80f.

[3] 1. Kor. 1,30.

[...] Sollte jemand [...] befürchten, wir gingen in das Lager derer über, die die Existenz zweier [göttlicher] Hypostasen, des Vaters und des Sohnes, leugnen, so habe er acht auf das Wort: »Alle Gläubigen waren ein Herz und eine Seele«[4], um den Sinn [auch] des [anderen] zu begreifen: »Ich und der Vater sind eins«[5]. [...] Keiner von uns ist ja so stumpfsinnig zu meinen, die wesenhafte »Wahrheit« sei vor der Erscheinung Christi nicht dagewesen. Darum verehren wir den Vater der Wahrheit wie den Sohn, der die Wahrheit ist: zwei distinkte Wirklichkeiten, die doch eins sind der Einmütigkeit, Übereinstimmung und Selbigkeit des Willens nach.

Hier erscheint es mir indes als angebracht, zu untersuchen, warum, wer »durch Gott wiedergeboren« wird[6], zur Seligkeit sowohl des Vaters als auch des Sohnes als auch des Heiligen Geistes bedarf und er das Heil nicht erlangen kann, wenn nicht die ganze Trinität mitwirkt, noch des Vaters und des Sohnes teilhaftig werden ohne den Heiligen Geist. Erörtern wir dies, so werden wir unstreitig die besondere Tätigkeit des Heiligen Geistes wie die des Vaters und des Sohnes beschreiben müssen: Gott, der Vater, der das All zusammenhält, erreicht alles einzelne, was existiert, indem er einem jeden, was ist, von seinem eigenen [Sein] das Sein mitteilt. Geringer als der des Vaters ist der [Bereich des] Sohn[es], der lediglich die Vernunftwesen erreicht (denn Er nimmt den zweiten Rang nach dem Vater ein); noch geringer der des Heiligen Geistes, der nur zu den Heiligen durchdringt. Demgemäß ist die Macht des Vaters grösser als die des Sohnes und des Heiligen Geistes, die Macht des Sohnes grösser als die des Heiligen Geistes, und wiederum ragt die Macht des Heiligen Geistes über die anderen heiligen Wesen weit hinaus.

> *Wer »durch Gott wiedergeboren« wird, zur Seligkeit sowohl des Vaters als auch des Sohnes als auch des Heiligen Geistes bedarf und er das Heil nicht erlangen kann, wenn nicht die ganze Trinität mitwirkt, noch des Vaters und des Sohnes teilhaftig werden ohne den Heiligen Geist.*

Laktanz (um 240–320) stand als Apologet vor einem zweifachen Gegenüber. Als ehemaliger heidnischer Rhetoriker benutzte er die Mittel der antiken Philosophie, besonders des Platonismus, zur Darstellung und entschiedener Verteidigung christlicher Lehre, besonders in seinen »Institutiones divinae«. Gleichzeitig versuchte er, die Bedenken christlicher Lehrer, wie des Hieronymus, zu widerlegen, die an seiner Bekehrung zum Christentum zweifelten und ihn verdächtigten, christliches Glaubensgut durch die Termini heidnischer Philosophie zu verfälschen.

---

[4] Apg. 4,32.
[5] Joh. 10,30.
[6] 1. Petr. 1,3.

Laktanz, Institutiones divinae 4,8,1[7]

Wir bezeugen, dass Er [Christus] zweimal geboren ist, einmal im Geist, danach im Fleisch; darum sagt es der Prophet Jeremia so: »Bevor ich dich im Mutterleib bereitet habe, kannte ich dich«[8]; ebenso: »Selig, der war, bevor er geboren wurde«[9], was auf keinen anderen zutrifft außer auf Christus. Nachdem er von Anfang an Gottes Sohn war, wurde er in einer zweiten Geburt im Fleisch geboren. [...] Wie hat Ihn [der Vater] gezeugt? Einerseits kann man die Werke Gottes weder wissen noch erzählen; aber dennoch lehren uns die heiligen Schriften, in denen bezeugt wird, dass jener Sohn Gottes das Wort Gottes sei, ebenso dass die übrigen Engel Gottes Geist sind; das Wort nämlich ist der Geist, der mit der Stimme etwas offenbart. Weil jedoch der Geist und das Wort aus verschiedenen Orten hervortreten, der Geist aus der Nase, das Wort aus dem Mund, besteht ein großer Unterschied zwischen dem Sohn Gottes und den übrigen Engeln, jene gehen nämlich aus dem schweigenden Geist Gottes hervor, weil sie nicht zum Weitergeben der Lehre, sondern zum Dienen geschaffen wurden, Er aber, der auch selbst Geist ist, ging mit Stimme und Klang aus dem Mund Gottes hervor, wie das Wort, aus dem Grund, weil Er mit Seiner Stimme zum Volk reden sollte, das heißt, dass Er der künftige Lehrer der göttlichen Lehre sein sollte, der die göttlichen Geheimnisse zu den Menschen bringt. Zu Ihm hat Er zuerst gesprochen, damit Er durch Ihn zu uns spreche und uns die Stimme und den Willen Gottes offenbare. Zurecht wird Er also Verkündigung und Wort Gottes genannt, weil Er aus Gottes Mund als worthafter Geist ausgeht, den Er nicht mit dem Mutterleib, sondern mit dem Geist empfing, das Abbild an Tugend und Macht Seiner unausdenkbaren Hoheit, der in eigenem Sinn und eigener Weisheit blüht. [...] Unsere Stimmen verklingen in einem Lufthauch, wenn sie nicht durch die Schrift festgehalten werden; um wieviel mehr muss man dem Wort Gottes glauben, das in Ewigkeit bleibt und von Sinn und Tugend begleitet wird und von Gott dem Vater wie ein Fluss von seiner Quelle ausgeht!

Das ganze Leben des unbeugsamen Bischofs **Athanasius** (296–373) war von den Auseinandersetzungen um die Christologie bestimmt. Insgesamt fünfmal musste er in die Verbannung gehen und kehrte immer wieder zurück. Die auf dem Konzil von Nicaea mühsam errungene Begrifflichkeit verteidigte er in immer

---

[7]   Migne PSL 6, 465 (übers.: HW).
[8]   Jer. 1,5.
[9]   Dieses Wort lässt sich bei Jeremia nicht nachweisen.

Unsere Stimmen verklingen in einem Lufthauch, wenn sie nicht durch die Schrift festgehalten werden; um wieviel mehr muss man dem Wort Gottes glauben, das in Ewigkeit bleibt.

neuen Wendungen. Dabei war Rechtgläubigkeit für ihn aber nicht allein die Frucht des richtigen theologischen Denkens. Die Festigkeit seiner Position besteht in dem geistlichen Anliegen, das er vertritt und das sich in seiner Spiritualität spiegelt.

Athanasius, Epistulae IV ad Serapionem 1,20[10]

Wenn in der heiligen Dreifaltigkeit Verbindung und Einheit besteht, wer wagt es dann, den Sohn vom Vater oder den Geist vom Sohn oder vom Vater selbst zu trennen? Wer wagt es, zu behaupten, die Dreifaltigkeit sei in sich nicht wesensgleich und verschiedener Natur, der Sohn habe ein anderes Wesen als der Vater oder der Geist sei dem Sohn fremd? Wie kann das sein? Wer wiederum forscht dem nach und fragt, wie man sagt, wenn der Geist in uns ist, dass auch der Sohn in uns ist, wenn der Sohn in uns ist, dass auch der Vater in uns ist? Und wie, da es die Dreifaltigkeit gibt, sie in einem dargestellt werden könne? Und dass die Dreifaltigkeit in uns ist, wenn einer in uns ist? Der trennt zuerst die Strahlen vom Licht und die Weisheit vom Weisen, wenn er fragt, wie das sein soll. Wenn das aber nicht zu erfragen möglich ist, was für ein irrsinniges Wagnis ist es dann, das über Gott erfahren zu wollen; denn die Gottheit wird nicht im Erweis der Worte, wie gesagt wurde, sondern im Glauben erfahren und nicht in der Vernunft, sondern in der Frömmigkeit.

Marius Victorinus (290–364), der gefeierte römische Rhetor, trat erst im Alter von über 60 Jahren zum Christentum über und ließ sich taufen. Als Kaiser Julian den Christen verbot, die Werke der antiken Autoren zu lehren, legte er sein Amt nieder. Mit seiner Platonrezeption gewann er große Bedeutung für einen christlichen Platonismus, von dem besonders Augustinus beeinflusst wurde. Seine Verteidigung der Trinitätslehre begegnet vor allem in seinen Kommentaren zu den paulinischen Briefen.

Marius Victorinus, Adversus Arianum 4,33[11]

Das ist den Gläubigen hinlänglich gewiss: dass der Sohn war, bevor Er ins Fleisch kam, und derselbe Sohn ist, der vor Zeiten geboren wurde, jener der aufstieg in den Himmel und von dort herabstieg, jener der für uns das Brot vom Himmel ist. [...] Dass der Heilige Geist auf andere Weise der gleiche verborgene Jesus Christus ist,

---

[10] Migne PSG 26,576 (übers.: HW).
[11] Migne PSL 8,1137 (übers.: HW).

der im Inneren, zu den Seelen redend, sie belehrt und ihnen Verständnis schenkt und vom Vater durch Christus gezeugt wird und in Christus; dass Christus der eingeborene Sohn sei, haben wir in vielen Büchern beschrieben und, weil wir es durch viele Beispiele belegt haben, ist es genügend klar. Nach dieser Weise und in diesem Verständnis ist Gott der Vater mit dem Sohn wesensgleich und der Sohn ist selbst das Leben in Ihm. Aus dem gleichen Verständnis ergibt es sich, dass Christus und der Heilige Geist wesensgleich sind. Nimmt man die Verbindung von Vater und Sohn an, gilt sie ebenso für den Heiligen Geist auf die Weise, wie der Sohn mit dem Vater eins ist, doch so, dass wie Vater und Sohn eines sind, der Vater auch zugleich der Sohn ist, ein jeder in seinem Sein, aber jeder in seinem Wesen, so ist auch Christus und der Heilige Geist eines und dennoch ist Christus in Seinem eigenen Sein und der Heilige Geist in dem Seinen, aber beide in einem Wesen, woraus sich ergibt, dass die ganze Dreifaltigkeit eine sei und der Vater mit dem Sohn und der Sohn mit dem Heiligen Geist auf gleiche Weise verbunden sind. Und auf diese Weise ist der Vater mit dem Heiligen Geist durch Christus verbunden und es bleibt die eine ganze Dreifaltigkeit in den einzelnen Wesenheiten und es besteht jenes »wesensgleich«, da sie alle eines und von Ewigkeit her in einem Wesen sind. Das ist unser Heil, das die Befreiung, das die Rettung des ganzen Menschen, so glauben wir an Gott, den allmächtigen Vater, so an Jesus Christus, den Sohn, so an den Heiligen Geist. Amen.

Die drei großen Kappadozier Basilius, Gregor von Nyssa und Gregor von Nazianz verbinden in ihrer Theologie einen origenistisch orientierten Platonismus mit Elementen der christlichen Mystik. Ihr Interesse war es, trotz der Lehre von drei Hypostasen der Gottheit jeden Tritheismus zu vermeiden. So begründeten sie eine immanente Trinitätslehre und arbeiteten, während sie die Einheit des göttlichen Wesens (Ousia) betonten, zugleich die Eigenarten der drei Hypostasen heraus: die Ungezeugtheit (agennesia) des Vaters, die Gezeugtheit (gennesia) des Sohnes und das Hervorgehen (ekporeusis) des Heiligen Geistes. Damit wurde das Bekenntnis des Nicaenums in einer origenistisch umgebogenen Form bewahrt.

Gregor von Nazianz (329–390), aus Oratio 25[12]:

Wir nennen den Sohn nicht ungezeugt, denn ungezeugt ist nur der Vater; wir nennen auch den Heiligen Geist nicht Sohn, nur einer ist

---

[12] Migne PSG 35, 1221 (übers: HW).

nämlich der Eingeborene. Und so haben sie jenes Göttliche: jener die Einzigartigkeit der Sohnschaft, dieser die des Hervorgehens, nicht aber der Sohnschaft. Den Vater aber nennen wir Vater und dies mit mehr Recht als bei manch anderem, der Vater genannt wird, einmal weil Er auf eigene und einzigartige Weise Vater ist, aber nicht nach körperlicher Weise, dann weil Er allein Vater ist, nicht durch eine Verbindung, dann weil Er einzig ist, der Vater des Eingeborenen; dann weil Er allein ist, denn es gab keinen Sohn vor Ihm, dann weil Er der Vater aller Dinge ist, was man von uns nicht sagen kann, dann weil Er von Anfang an ist und nichts kommt nach Ihm. Den Sohn aber nennen wir Sohn, was Er auch allein ist und auf einzigartige Weise, denn Er ist nicht zugleich Vater, und Er ist ganz und gar von Anfang an, so dass Seine Sohnschaft keinen Anfang hat, denn er wurde nicht durch die Änderung eines göttlichen Ratschlusses Sohn oder aus einem Prozess der Gottwerdung heraus, so dass jener einmal aufhören könnte Vater und dieser aufhören könnte, Sohn zu sein. Den Heiligen Geist nennen wir Geist und Er ist nichts anderes und auf keine andere Weise, auch nicht, indem die Heiligkeit zu Ihm trat, sondern Er ist die Heiligkeit selbst, nicht mehr oder weniger und hat auch keinen zeitlichen Anfang oder Ende. Das ist das Gemeinsame von Vater, Sohn und Heiligem Geist und Kennzeichen ihrer Gottheit, dass sie nicht geschaffen sind. Das gilt auch für den Sohn und den Heiligen Geist, dass sie beide aus dem Vater sind. Aber die Eigenschaft des Vaters ist, dass er ungezeugt ist, die des Sohnes, dass Er gezeugt ist, die des Heiligen Geistes, dass Er hervorgeht.

Ambrosius von Mailand (327–397) ist nicht nur der große Kirchenfürst und Politiker, sondern vielleicht noch mehr ein bedeutender Vermittler zwischen östlicher und westlicher Theologie. Seine reiche Bildung umfasst Platonismus und Neuplatonismus, die allegorische Exegese im Stile Plotins, stoisches Gedankengut, von Cicero vermittelt, die Kunst der allegorischen Exegese, wie wir sie bei Origenes finden. Das alles bringt Ambrosius in einen sprachlichen Ausdruck, der auch ästhetisch Genuss bereitet.

Ambrosius, De Fide, ad Gratianum 1,2,16f:[13]

Er wird das Wort, der Sohn, die Kraft Gottes, die Weisheit Gottes genannt.

Sicher, damit niemand irren kann, folgt aus dem, was die heilige Schrift bezeugt, dass wir verstehen können, wer der Sohn sei. Er wird das Wort, der Sohn, die Kraft Gottes, die Weisheit Gottes genannt. Das Wort, weil Er unbefleckt ist, die Kraft, weil er vollkom-

---

men ist, der Sohn, weil Er vom Vater gezeugt wurde, die Weisheit,
weil Er mit dem Vater eines ist, eines in der Ewigkeit, eines in der
Gottheit. Denn der Vater ist nicht der gleiche wie der Sohn, son-
dern zwischen Vater und Sohn ist eine Unterscheidung, die durch
die Zeugung ausgedrückt ist, so dass Gott von Gott, Bleibender
von Bleibendem, Vollkommener vom Vollkommenen ist. Das sind
nicht bloße Namen, sondern Hilfen zum Verständnis, denn die
Fülle der Gottheit ist im Vater, die Fülle der Gottheit ist im Sohn,
ohne Unterscheidung, in einer Gottheit. Es wird nicht verbunden,
was schon eines ist und nicht vielfältig gemacht, was nicht unter-
schieden werden kann.

Wir verdanken **Augustinus** (354–430) die herrliche Schil-
derung des Aufstiegs zu Gott, die er in den Confessiones (IX 10)
gegeben hat. Hier erweist er sich als mystischer Theologe in der
Terminologie des Neuplatonismus[14]. Wenn er in »de Doctrina
christiana« von dem Geheimnis der Dreifaltigkeit schreibt, erscheinen Gedanken einer apophatischen Theologie, wie sie
ebenfalls der Mystik eigen sind: das Mysterium Gottes ist unaussprechlich und fordert doch zu lobender Anbetung.

Augustinus, De Doctrina christiana 1,8:[15]

Nur schwer lässt sich ein Name finden, der sich für eine so über-
ragende Herrlichkeit ziemt, außer, man nennt diese Dreifaltigkeit
besser den Einen Gott, von dem, durch den und zu dem alle Dinge
sind. In diesem Sinn ist Er Vater, Sohn und Heiliger Geist. Jeder
einzelne von ihnen ist Gott und zugleich sind sie alle der Eine Gott.
Jeder einzelne von ihnen besitzt das ganze göttliche Wesen, und
zugleich haben sie alle ein Wesen. Der Vater ist weder Sohn noch
Heiliger Geist, der Sohn ist weder Vater noch Heiliger Geist, der
Heilige Geist ist weder Vater noch Sohn; sondern der Vater ist nur
Vater, der Sohn ist nur Sohn, der Heilige Geist ist nur Heiliger Geist.
Alle drei besitzen dieselbe Ewigkeit, Beständigkeit, Majestät und
Macht. Im Vater ist die Einheit, im Sohn ist die Gleichheit, im Hei-
ligen Geist die Eintracht von Einheit und Gleichheit. Die drei sind
alle eins wegen des Vaters [...], sind alle gleich wegen des Sohnes,
sind alle verbunden wegen des Heiligen Geistes.

Haben wir damit etwas gesagt, etwas geäußert, was Gottes
würdig ist? Ja, ich fühle vielmehr nur, dass ich etwa sagen woll-

[...] man nennt diese Dreifaltigkeit besser den Einen Gott, von dem, durch den und zu dem alle Dinge sind.

---

[14]   Vgl. Marc Sprungmann; Die Vision zu Ostia. Augustins Rezeption des Neuplatonismus;
     Norderstedt 2008.
[15]   Aus: Heinrich Kraft (Hrsg.); Kirchenväter-Brevier; Hamburg ²1966, 23 f.

te; wenn ich aber gesprochen habe, so ist es nicht das, was ich sagen wollte. Das weiß ich daher, dass Gott unaussprechlich ist; ich habe aber gesprochen, als wäre es unaussprechlich. Darum kann man Gott nicht einmal unaussprechlich nennen, denn wenn man das sagt, so spricht man bereits etwas aus. So läuft es auf jenen Wortstreit hinaus, dass das Unaussprechliche – wenn man darunter versteht, was nicht gesagt werden kann – nicht unaussprechlich sei, weil man es »unaussprechlich« nennen könne. Besser ist, sich vor diesem Wortstreit schweigend in acht zu nehmen, als ihn mit der Stimme zu entscheiden. Gott jedoch, über den nichts angemessen gesagt werden kann, hat erlaubt, dass Ihm die menschliche Stimme gehorsam sei und wollte, dass wir uns über unsre Worte zu Seinem Lobe freuen. So kommt es, dass Er Gott genannt wird.

Dionysius Areopagita (frühes 6. Jahrhundert) weitet die innertrinitarische Dynamik einer ökonomischen Trinitätslehre aus. Das auf den Menschen gerichtete Heilsgeschehen führt diesen in einem weiten und mit reichen Bildern beschriebenem Weg zurück in die Einheit mit Gott. In diese Dynamik werden die Engel und alle Kräfte des Himmels als dienende Geister mit einbezogen. Der Weg von der Vielheit zurück in die ursprüngliche Einheit findet eine Parallele im neuplatonischen System des Proklus.

(Pseudo-)Dionysius Areopagita, Himmlische Hierarchie 1,1f[16]

1. Jede gute Gabe und jede vollkommene Gabe kommt von oben herab, indem sie vom Vater der Lichter herabsteigt[17]. Jedes Hervortreten des vom Vater erweckten strahlenden Lichtes, das uns gütig gegeben wurde und zu uns dringt, führt uns auch wieder als eine in Einheit gestaltende Kraft aufwärts, vereinfacht uns und wendet uns wieder der Einheit des Vaters zu, der vereinigt, und lässt uns zur vergöttlichenden Einheit zurückkehren. Denn aus Ihm und zu Ihm ist alles, wie das heilige Wort sagt[18].

2. Lasst uns darum zu Jesus rufen, dem Licht des Vaters, das wirkliche wahrhaftige Licht, das jeden Menschen erleuchtet, der in die Welt kommt[19], durch den wir Zugang erhalten haben zum Vater, dem Urquell des Lichtes, und dann so zu den von den Vätern über-

Jedes Hervortreten des vom Vater erweckten strahlenden Lichtes, das uns gütig gegeben wurde und zu uns dringt, führt uns auch wieder als eine in Einheit gestaltende Kraft aufwärts, vereinfacht uns und wendet uns wieder der Einheit des Vaters zu.

---

[16] Günter Heil, Adolf Martin Ritter (Hrsg.): Pseudo-Dionysius Areopagita. De Coelesti Hierarchia, De Ecclesiastica Hierarchia, De Mystica Theologia, Epistulae (= Corpus Dionysiacum 2); Berlin ²2012 (übers.: HW).

[17] Jak. 1,17.

[18] Röm. 11,36.

[19] Joh. 1,9.

lieferten, in den heiligsten Schriften enthaltenen Erleuchtungen aufblicken, so gut wir können. Wir wollen versuchen, die von ihnen abbildhaft und im Gleichnis geoffenbarten Hierarchien der himmlischen Geister zu schauen, soweit es uns möglich ist. Wir wollen den ursprünglichen und mehr als ursprünglichen Lichtstrahl des göttlichen Vaters, der uns die allerseligsten Hierarchien der Engel in Form eines Spiegelbildes offenbart, mit den unkörperlichen und von Blinzeln freien Augen des Geistes aufnehmen und uns von ihm wieder zu seinem einfachen Strahl erheben[20]. *Denn er selbst verliert ja auch etwas von der ihm eigenen einheitlichen Einfachheit, während er sich zur gleichnishaften und vereinigenden Anpassung an die Wesen, die von der Vorsehung geleitet werden, vervielfältigt und [aus der Einheit] heraustritt. Dabei bleibt er aber in sich selbst unerschütterlich und dauernd in unbeweglicher Gleichheit und zieht jene, die, wie es sich gebührt, zu Ihm aufblicken, entsprechend ihrer Natur zu sich empor und bildet durch Seine Wesenseinheit in vereinfachender Kraft auch in ihnen das Eine. Es ist ja nicht möglich, dass der göttliche Lichtstrahl in uns leuchte, wenn er nicht durch die mannigfaltige Fülle der Umhüllungen, die einen höheren Sinn darstellen, verdeckt und unseren Möglichkeiten gemäß der Natur entsprechend angepasst ist, wie es seiner väterlichen Zuwendung entspricht.*

Johannes von Damaskus (676–749) stammte aus einer christlichen Familie. Sein Großvater hatte als Stadtpräfekt von Damaskus 635 die Stadt den sie belagernden Arabern übergeben. Sein Vater war Finanzminister unter dem Kalifen Mu'awija I. Johannes wich der den Christen feindlichen Politik des Kalifen Abd del Malek aus und zog sich in das Kloster Mar Saba bei Jerusalem zurück. Seine große Schrift »Quelle der Erkenntnis« umfasst in reicher Gestaltung den gesamten Bestand der nachchalkedonensischen Theologie. In ihrem ersten Teil behandelt sie die heidnische Philosophie aus christlicher Sicht, der zweite Teil stellt 100 Häresien dar, abschließend mit dem Islam als der einhundertsten Häresie. Der dritte Teil ist die *Expositio Fidei*, die in 100 Kapiteln die kirchliche Lehre zusammenstellt, die auch auf die abendländische Theologie, besonders seit Petrus Lombardus, großen Einfluss ausübte. Seine Darstellung der Trinitätslehre fasst den reichen Schatz der kirchlichen Überlieferung bis zu seiner Zeit zusammen.

---

[20] Vgl. 2. Kor. 3,18.

Johannes von Damaskus, Expositio Fidei, 1,8[21]. 3,3:[22]

Wort und Glanz wird Er darum genannt, weil Er ohne die Verbindung zweier Personen, leidensfrei, außerhalb der Zeit, ohne Fluss und ungetrennt aus dem Vater gezeugt wurde; Sohn und Gestalt des väterlichen Wesens [wird Er genannt], weil Er vollkommen ist und besteht, mit Ausnahme der Eigenschaft des Ungezeugtseins, in allem dem Vater gleich; Eingeborener [wird Er genannt], weil Er einzig und allein aus dem Vater geboren ist. Es gibt auch keine andere Zeugung, die mit der Zeugung des Sohnes Gottes verglichen werden kann, wie es denn auch keinen anderen Sohn Gottes gibt. Wenn auch der Heilige Geist aus dem Vater hervorgeht, so doch nicht durch Zeugung, sondern durch den Prozess des Hervorgehens. Das ist eine andere Weise des Seins, unfassbar und nicht zu begreifen, wie die Zeugung des Sohnes. Darum ist alles dem Sohn eigen, was der Vater hat, außer dass Er nicht ungezeugt ist. [...]

Wenn wir in der Gottheit eine Natur bekennen, sagen wir dennoch, dass es drei Personen gibt; und wir sagen, dass ihnen allen die natürlichen und seinsmäßigen Dinge gleich gemeinsam seien, die Unterscheidung aber in ihren Eigenschaften besteht, dass nämlich einer ohne Ursache und Vater sei, der andere eine Ursache hat und Sohn ist, der Dritte eine Ursache hat und hervorgehend ist, so dass er von beiden nicht geschieden oder getrennt werden kann. [...] In gleicher Weise [bekennen wir] von den göttlichen Geheimnissen, die alles menschliche Verstehen übersteigen und gefangen nehmen, die Menschwerdung des einen Wortes der heiligen Dreifaltigkeit, unseres Herrn Jesus Christus, in dem die zwei Naturen, die göttliche und die menschliche in einem zusammenkamen, und gemäß der Person bekennen wir die Einheit und diese Einheit wurde aus zwei Naturen geschaffen. Wir sagen weiter, dass auch nach der Einung die beiden Naturen, die zu einer Person, in dem einen Christus, vereinigt wurden, bewahrt geblieben sind und ihre natürlichen Eigenschaften behalten haben, so dass sie in ungetrennter Einheit und unvermischter Verschiedenheit betrachtet und gezählt werden [...] Die Naturen Christi sind, wenn sie auch vereinigt sind, ohne Vermischung vereinigt und wenn auch eine mit der anderen zusammen besteht, findet doch keine Umkehrung oder Verwandlung der einen in die andere statt. [...] Christus ist nämlich einer, in Gottheit und Menschheit vollkommen.

---

[21] Migne PSG 94, 816 (übers: HW).
[22] Migne PSG 94, 1000 (übers.: HW).

Unter den zahlreichen Liedern der Kirchenlehrerin **Hildegard von Bingen** (1098–1179) findet sich auch ein Lobgesang auf die Dreifaltigkeit. Hier kann nur die Übersetzung des Liedes wiedergegeben werden, dessen Klanggestalt die einzelnen Worte in faszinierender Weise trägt[23].

Hildegard von Bingen, Laus trinitati:[24]

Lob sei der Dreieinigkeit!
Sie ist Klang und Leben,
Schöpferin des Alls, Lebensquell von allem,
Lob der Engelscharen,
wunderbarer Glanz all des Geheimen,
Das den Menschen unbekannt,
und in allem ist sie Leben.

Heiko Wulfert (*1960) ist Pfarrer in Arbergen-Kettenbach, Ältester im Konvent Hessen der Evangelischen Michaelsbruderschaft und Sekretär der EMB für Theologie und Ökumene.

---

[23] Ein Hörbeispiel findet sich unter https://www.youtube.com/watch?v=6KUICvzM6DQ.
[24] Pudentiana Barth/Immaculata Ritscher /Joseph Schmidt-Görg (Hrsg.); Hildegard von Bingen. Lieder; Salzburg 1969; 231.

Das Hasenfenster im Dom zu Paderborn

Meditative Gedanken

von Christoph Petau

Drei laufende Hasen, drei Ohren und doch hat jeder Hase zwei. Ein christliches Grunddogma: Gott ist dreifaltig eins und: Jesus ist Gott und Mensch. In der Ikonographie zeigt die Haltung der Finger dieses Bekenntnis und auch Beter und Beterinnen zeigen dieses Bekenntnis im Kreuzzeichen. Beim Entzünden einer Kerze zeigt das Kreuzzeichen auf die Erde, auf die Person und in die Höhe. Möchte sagen: Der Glaube ist erdverbunden und himmeloffen. Oder, wie es ein Sprichwort sagt: In der kleinsten Pfütze spiegelt sich der Himmel.

Drei Ohren und doch sind es sechs. Die Hasen sind aufeinander angewiesen. In einem Gebet aus Brasilien heißt es: Gott allein kann schaffen, aber du kannst das Erschaffene zur Geltung bringen [...] Gott allein genügt sich selbst, aber er hat es vorgezogen auf dich zu zählen. Der Mensch als Partner und Partnerin Gottes, hineingestellt in den Acker der Schöpfung, und umgekehrt: Was wäre das Leben ohne Bezug auf Gott: bewegungslos und erdenschwer.

Drei laufende Hasen im Kreis. Da lernte ich einmal in der Geometrie: Der Kreis ist eine unendliche Punktmenge, die von einem Mittelpunkt den gleichen Abstand hat. Daher ist der Ring/Kreis ein Symbol der Liebe. Jetzt lese ich in den Psalmen (36,4, Lutherbibel 1984): Herr, deine Güte reicht, so weit der Himmel ist, und deine Wahrheit, soweit die Wolken gehen.

Paulus ermahnt seine Gemeinden zum Wettkampf (etwa in 1 Kor 9), sie sollen/dürfen sich im Kampf um das Gute nicht aufhalten lassen.

»Ich lebe mein Leben in wachsenden Ringen, die sich über die Dinge ziehen. Ich werde den letzten vielleicht nicht vollbringen, aber versuchen will ich ihn [...]« (Rilke) Viele Kreise/Ringe lassen sich über das Fenster legen. Ohrenspitzen, Läufe und Außenkreis sind die markantesten. Der Hase, in seiner Fruchtbarkeit, ein Ostersymbol, im Fest des Frühlings, in Ausgelassenheit, Freude und Tanz. Der Mensch ist hineingenommen in die Bewegung Christus ähnlich zu werden. »Werdet, was ihr seid. Seid was ihr werdet: Leib Christi.« (Augustinus), ist eines der Geheimnisse des Abendmahles.

Das Hasenfenster,
Foto Roger Mielke

Glaube, Hoffnung, Liebe, Geduld sind in evangelischen Traditionen die Kardinal- oder Grundtugenden. Ein Rad bildet sich
um eine Narbe oder Achse, den Mittelpunkt. Für Glaube, Hoffnung und Liebe könnten die drei Hasen stehen (vgl. 1 Kor 13). Die
drei Ohren im Mittelpunkt stehen dann als Narbe für die Geduld,
die alles zusammenhält oder wachsen lässt. Dieses Viergespann
könnte man auch ganz franziskanisch beten: Schenke mir einen
rechten Glauben, eine gefestigte Hoffnung, eine vollendete Liebe
und eine tiefgründige Demut ...

**Liturgie, Nachfolge (martyria), Diakonie und Koinonia (ge-
schwisterliche Liebe)** gelten als pastorale Grundvollzüge der
Kirche. Die Koinonia, um die sich alles dreht und die Hasen wett-
eifern in gottesdienstlichen Handlungen und im persönlichen
Gebet, in Spurensuche und Nachfolge und in der Hinwendung
zum/zur Nächsten.

Frieden, Gerechtigkeit und Bewahrung der Schöpfung sind
seit der ersten Ökumenischen Versammlung in Basel 1989 die
Grundthemen der Ökumene. Die Hasen, möchte man meinen,
trommeln diesen Prozess in die Welt. Mit Hans Küng mag die Botschaft sein: Es gibt keinen Weltfrieden ohne Religionsfrieden.
Damit sind alte Symbole deutungsoffen für die Gegenwart.

*Christoph Petau (*1959) ist nach einem Studium der Theologie in*
Paderborn, Graz und Wien und Arbeit in der Gemeindeseelsorge jetzt
Pfleger in einem Altenheim, Mitarbeiter im Hospizteam und Pastor im
Nebenamt in der Evangelischen Methodistenkirche in Graz. Er ist Bru-
der der Evangelischen Michaelsbruderschaft im Konvent Österreich.

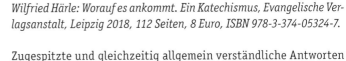

Bücher

Wilfried Härle: Worauf es ankommt. Ein Katechismus, Evangelische Verlagsanstalt, Leipzig 2018, 112 Seiten, 8 Euro, ISBN 978-3-374-05324-7.

Zugespitzte und gleichzeitig allgemein verständliche Antworten auf Fragen des Glaubens an den dreieinigen Gott zu erhalten, war schon immer die Sehnsucht derer, die Gewissheit suchen. Glaubenswahrheiten präzise und keinesfalls banal zu formulieren, wohnt daher dem Christentum mit seinem Auftrag zur Weitergabe des Evangeliums inne. Darum bewährt sich die Frage-Antwort-Methode eines Katechismus bis heute. Nicht umsonst ist im evangelischen Bereich der Erwachsenenkatechismus ein in etlichen Auflagen erschienener Dauerbrenner auf dem religiösen Büchermarkt. Vor kurzem erschien ein neuer Versuch für ein kleinformatiges Lehrbuch. Die Erarbeitung eines gegenwartsnahen Katechismus wagte ein emeritierter Professor für Systematische Theologie. Der Heidelberger Systematiker Wilfried Härle legt, gegliedert in zehn Themenkomplexe, einen leicht zugänglichen Text aus 180 Fragen und Antworten vor. Der Titel »Worauf es ankommt« nimmt Bezug auf die erste der durchweg gehaltvollen Fragen. Ungewöhnlich ist die Entstehungsgeschichte dieses Werkes: Das Unterfangen fußt auf einem Wettbewerb der Badischen Landeskirche anlässlich des 450-jährigen Jubiläums des Heidelberger Katechismus. Härle legte den Entwurf für seinen Katechismus vor, den er danach mit Mitstreitern in mehrjähriger Arbeit aus dem Kreise der Badischen Kirche weiter bearbeitete. Die Verteilung an Interessierte aller Generationen mit der Bitte um Rückmeldungen entwickelte das Gemeinschaftsprojekt fort und führte zum nun publizierten Endergebnis. Der Band will eine Hilfe sein für Erwachsene, insbesondere für Pädagogen in Schule und Gemeinde. Vom Design wirkt der Katechismus durchaus frisch und für alle Altersklassen ansprechend. Auf jeder rechten Seite findet sich der Fragen-Antwort-Katalog, mit dem jeweils links passende Bilder und Zitate kombiniert wurden. Bibelverse wechseln sich ab mit Zitaten von Theologen und Intellektuellen aller Epochen. Strophen aus dem Evangelischen Gesangbuch stehen neben Bildern oder Fotos aus der Christentumsgeschichte – ansprechend und geschickt komponiert.

In seinen formulierten Antworten steht der Autor in der Tradition seiner eigenen Dogmatik aus dem Jahr 1995. Auffallend damals wie in den zuletzt erschienenen Publikationen, ist das Bestreben Härles, Christen ein sprachliches und argumentatives Handwerkszeug an die Hand zu geben, damit sie sich selbst wie gegenüber anderen Rechenschaft über ihren Glauben geben können. Mutig scheut sich der Text nicht, selbst komplexen Fragen prägnante Erwiderungen entgegenzustellen. Die alte und reizbare Frage nach dem Leid in der Welt etwa nimmt Härle folgend auf: »Wenn Gottes Wesen Liebe ist, wie kann Gott dann so viel Leid und **Böses** in der Welt zulassen? Gottes Liebe zeigt sich in dieser Welt nicht darin, dass er uns Leiden generell erspart und uns am Tun des Bösen hindert, sondern darin, dass er uns das Leiden zu tragen hilft, uns im Kampf gegen das Böse beisteht.« (86. Frage)

Härle bleibt in allen Gedankengängen klassischen Begriffen und Denkmustern verhaftet. Sein Katechismus will den Leser mit tradierten Glaubenssätzen bekannt machen, diese aber verständlich in Bezug zur Lebenswelt vernetzen. Ein Beispiel sind zwei aufeinander folgende Fragen im Kapitel »Der christliche Glaube an den dreieinigen Gott«: »Was für eine lebenspraktische Bedeutung hat die Trinitätslehre? Sie gibt auf Fragen eine Antwort, die viele Menschen beschäftigen: Wo kann ich Gott finden? und: Wie kann ich Gott finden?« und »Welche Antwort gibt die Trinitätslehre darauf? Sie sagt: Du kannst Gott dort finden, wo er sein Wesen zu erkennen gibt: in Jesus Christus; und du kannst Gott so finden, dass er sich dir durch seinen Geist zu erkennen gibt.« (101./102. Frage)

Es tut in diesem Beitrag gut, an keiner Stelle über wohl gemeinte Dolmetscherversuche zu stolpern und mit vermeintlich modernisierten (aber letztendlich unzureichenden) Begriffen in christlichen Glaubensaussagen konfrontiert zu werden. Von Gott wird als dem »Schöpfer« gesprochen und das Endgericht wird dezidiert genannt. Innovativ wirkt Härle nicht durch die Suche nach originellen Wortschöpfungen, sondern in der Verständlichkeit seiner Antworten. Die unveränderte Aktualität dogmatischer Aussagen für einen Menschen sticht immer wieder prägnant hervor, beispielsweise in der 174. Frage: »Welche Bedeutung hat dieses Gericht Gottes? Das Jüngste Gericht erinnert uns an die Einmaligkeit unseres Lebens und an den Ernst von Gottes Heilsverheißung.« Darin liegt der Reiz der Vermittlungsleistung christlicher Lehrsätze in diesem Werk, gegossen in einen unserer Zeit angemessenen Wortlaut.

Was beim aufmerksamen Gang durch die Fragenvielfalt auffällt, ist eine konfessionell unierte Färbung des Katechismus. Verständlich ist das Verschweigen innerevangelischer Lehrdifferenzen in Bezug zum Abendmahl, weil der Katechismus in bewusster Kontinuität zum Heidelberger Katechismus lutherische und reformierte Impulse zu vereinen mag. Wenn allerdings die Fronten zwischen römisch-katholischem und protestantischem Verständnis im VIII. Kapitel sehr scharf kontrastiert werden (146.–150. Frage), hätte jedoch um der Komplexität willen eine weitere Tiefenschärfe der Unterschiede auf diesem Gebiet geholfen. An dieser Stelle kann nun dagegen eine romkritische Intention des Autors vermutet werden, wie sie dem konfessionellen Miteinander heutzutage nicht mehr angemessen erscheint.

Dieser Katechismus fordert vom Leser, im Spiegel dieses Werkes die eigenen Antworten nach Gott zu suchen. Er ist für eine verantwortete Verständigung von Gläubigen innerhalb des kirchlichen Lebens geschrieben, denn die Kirche ist »die Gemeinschaft der glaubenden Menschen untereinander. Aber sie ist vor allem Gemeinschaft mit dem dreieinigen Gott, durch den und an den wir glauben.« (124. Frage). Solch klare Positionen werden profiliert durch das dem Text vorgestellte Geleitwort des Vorsitzenden der Union Evangelischer Kirchen, Kirchenpräsident Christian Schad.

Diese Lektüre wird niemanden für den Glauben neu gewinnen, dieser Katechismus will den Glauben festigen, stellt er genau die Fragen von nach Klarheit ringenden Christen. Das Werk bietet die niveauvollen Sprachformeln an, um den Glauben an Vater, Sohn und Heiligen Geist einem Menschen von heute sachgerecht zu übermitteln.

Alexander Proksch

Volker Leppin (Hrsg.): Thomas Handbuch, Mohr Siebeck, Tübingen 2016, 523 Seiten, 49 Euro, ISBN 978-3-161-49230-3.

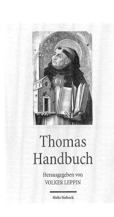

Thomas
Handbuch

Herausgegeben von
VOLKER LEPPIN

Mohr Siebeck

Der Verlag Mohr Siebeck mit Sitz in Tübingen ist sicherlich einer der herausragenden theologischen Verlage im deutschsprachigen Raum. Ein bekanntes Großprojekt des Verlages ist die in der 4. Auflage vorliegende Lexikonreihe »Religion in Geschichte und Gegenwart (RGG)«.

Ein weiterer verlegerischer Verdienst ist die seit einigen Jahren veröffentliche Reihe »Handbücher Theologie«. In dieser Reihe sind u.a. das »Augustin Handbuch«, »Barth Handbuch« und »Luther Handbuch« erschienen. Die Sammelbände sind als Lehr- und Studienbücher konzipiert und stellen in allgemeinverständlicher Sprache den aktuellen Forschungsstand zu Leben, Werk und Wirkung der entsprechenden Person dar. Dabei sind die Artikel in den Handbüchern von Wissenschaftlern aus den einschlägigen

Bereichen Geschichte, Philosophie und Theologie geschrieben. Seit 2016 liegt nun das von Volker Leppin herausgegebene »Thomas Handbuch« vor. Mit dieser Veröffentlichung zeigt sich, dass die allgemeine »Thomasrenaissance« (David Berger) auch in der protestantischen Theologie angekommen ist. Die Autoren des Handbuches zeigen sich fest entschlossen, das »evangelische Vätererbe« (U. Kühn) auch mit Blick auf Thomas mutig anzutreten.

Das Thomas-Handbuch ist ein Zeichen »ökumenischer Verbundenheit« (so Volker Leppin im Vorwort) und zeigt sich gänzlich unbeeindruckt von Luthers verbalen Auslassungen gegenüber dem Aquinaten (Thomas sei »loquacissimus«; er ist »Brunnen und die Grundsuppe aller Ketzerei« usw.).

Vielmehr führt das Thomas-Handbuch eindrucksvoll vor Augen, dass der Aquinate der bedeutendste Vertreter der scholastischen Philosophie und Theologie ist, der mit Blick auf die »Gotteslehre«, »Gottesbeweise«, »Sakramentenlehre« und »Theologische Ethik« (alle Themen werden im vorliegenden Band behandelt) nach wie vor bedeutende Einsichten liefert. So merkt der protestantische Thomas-Forscher Th. Bonhoeffer mit Blick auf das Hauptwerk des Aquinaten – die »Summa theologiae« – an, dass es sich hierbei um »die gelungenste christliche Dogmatik« handelt, die wir besitzen.

Das Thomas-Handbuch beinhaltet 54 Beiträge von 29 Autoren verschiedener Konfession und theologischer Ausrichtung. Bei aller Vielfalt der Beiträge zeichnet sich das Handbuch durch ein übersichtliches Konzept und eine äußerst gelungene Darstellung aus. Es kann sowohl als Nachschlagewerk, dessen Artikel je für sich verständlich sind, als auch als umfassende Gesamtdarstellung genutzt werden.

Das Buch gliedert sich in 4 Sektionen: Orientierung, Person, Werk, und Wirkung.

In der *ersten Sektion* »*Orientierung*« werden zunächst die handschriftliche Überlieferung, Werkausgaben und Hilfsmittel der Thomas-Forschung vorgestellt (H. Anzulewicz), bevor die »Thomasforschung am Beginn des 21. Jahrhunderts« von *D. Berger* dargestellt wird.

Die *zweite Sektion* »*Person*« umfasst die Unterpunkte »Stationen« (u. a. »Kirche und Gesellschaft im 13. Jahrhundert«, »Universität und Ordensstudium«) »Traditionen« (u. a. »Augustinus«, »Dionysius Areopagita«, »Petrus Lombardus«) und »Beziehungen« (u. a. »Albertus Magnus«, »Bonaventura«, »Bettelorden«).

In der *dritten Sektion* »*Werk*« wird das Werk des Aquinaten – unterteilt nach »Schriften«, »Themen« und »Strukturen« – vorgestellt. Erfreulicherweise wird bei der Vorstellung der Schriften immer die Text- und Quellenkritik berücksichtigt.

Die theologische Werkanalyse des Aquinaten erfolgt unter dem Abschnitt »Themen«. Nach einer wissenschaftstheoretischen Verortung der Theologie (U. Köpf) werden »Gotteslehre« (N. Slenczka), »Trinitätslehre« (Ch. Schwöbel), »Gottesbeweise« (R. Rieger), »Schöpfungslehre« (D. Berger), »Anthropologie«, »Gnade und Rechtfertigung« (N. Slenczka), »Theologische Ethik« (St. Ernst), »Christologie« (I. Biffi), »Sakramentenlehre« (M. Schlosser) und »Eschatologie« (D. Berger) untersucht. Zwar orientieren sich die meisten theologischen Querschnitte an den Ausführungen der *Summa theologiae*, berücksichtigen aber auch die Lehrentwicklung und andere Schriften des Aquinaten.

Unter dem Stichwort »Strukturen« werden schließlich das Verhältnis von Philosophie und Theologie bei Thomas (V. Leppin), die wissenschaftstheoretische Einstufung der Theologie in Abhebung von der Metaphysik (N. Slenczka) und die didaktische Anlage der *Summa theologiae* als »Anfängerlehrbuch« (U. Köpf) diskutiert.

Die letzte und *vierte Sektion* »*Wirkung*« beschäftigt sich mit der Wirkungsgeschichte des Aquinaten hinsichtlich seiner »Kanonisation« (E. H. Füllenbach), der »Auseinandersetzungen um seine Lehre im ersten Jahrhundert nach seinem Tod« (P. Walter), der »Reformatorischen Auseinandersetzung« (M. Wriedt), der »Ausbildung einer thomistischen Schule seit dem 15. Jahrhundert« und dem »Neuthomismus« des 19./20. Jh.s (P. Walter).

Ein ausführliches Quellen- und Literaturverzeichnis sowie Registerwerk schließt den sorgfältig gearbeiteten und inhaltlich reichen Band ab.

Wer das Thomas-Handbuch studiert, wird schnell bemerken, dass es vor allem die klare, auf Logik zielende »objektivistisch-theozentrische Atmosphäre« ist (D. Berger), die sich durch das ganze Werk des Aquinaten zieht und auch heute noch eine große Faszination ausübt. Im Gegensatz zum subjektivistischen Anthropozentrismus unserer Tage zeichnet sich die Lehre des Aquinaten durch einen konsequenten Theozentrismus aus. Gerade dadurch entwickelt Thomas von Aquin einen Sinn für das Mysterium Gottes, der das Übernatürliche in seiner Gratuität (der Tatsache, dass der Mensch als Sünder die Hilfe Gottes nicht »verdienen«, d. h. keinen Anspruch auf sie erheben kann, sondern sie der göttlichen Gnade verdankt) bewahrt.

Insgesamt ist das Thomas-Handbuch eine lohnenswerte Anschaffung für alle, die Theologie auch noch jenseits anthropologischer und moralischer Fragestellungen interessiert.

Thomas M. Kiesebrink

Bernhard Meuser/Johannes Hartl/Karl Wallner (Hrsg.): Mission Manifest – Die Thesen für das Comeback der Kirche, Freiburg i.Br./Basel/Wien: Herder, 2018. 240 Seiten, 20,- Euro. ISBN 978-3-451-38147-8.

»Nach menschlichem Ermessen wird die Kirche in Deutschland, Österreich und der Schweiz in wenigen Jahren kaum mehr eine gesellschaftliche Rolle spielen. Das ist weniger schade um die Kirche als schlimm für die Menschen, die Gott verlieren oder Jesus nicht kennenlernen« (9).

Mit diesen Worten beginnt die Präambel zu den zehn »Thesen für das Comeback der Kirche«, die den Sammelband einleiten. Sowohl die Präambel als auch jede These werden sodann in einzelnen Kapiteln kommentiert. Zu den Autorinnen und Autoren gehören acht Männer und drei Frauen. Es sind alle engagierte römisch-katholische Christinnen und Christen mit unterschiedlichen Hintergründen und Berufen, wobei nur drei »Geistliche« dazu gehören (zwei Priester und ein Mönch). Sie alle eint die Überzeugung, dass die Krise des Christentums in Europa nicht primär im Relevanzverlust der Kirche als Institution oder Organisation bestehe. Vielmehr handle es sich dabei um eine spirituelle Krise.

Denn die Kirche ist kein Selbstzweck, sondern hat einen spezifischen Auftrag: das Evangelium der Erlösung in Jesus Christus zu bezeugen und so Menschen zu Christus zu führen (54; 156). Die Kirche ist somit ihrer Bestimmung nach gleichsam die Botschaft des Reiches Gottes auf Erden (vgl. 44). Daraus folgt zweierlei. Zum einen kann die spezifische Aufgabe der Kirche von keiner anderen Institution oder Organisation übernommen werden. Wenn sie schwindet, wenn die Botschaft des Reiches Gottes in einem bestimmten Territorium geschlossen wird, wird auch die Bezeugung des Evangeliums an jenem Ort eingestellt. Zum anderen stellt die bewusste Wahrnehmung dieser Aufgabe auch die einzige Daseinsberechtigung der Kirche als Institution bzw. Organisation dar. Das bedeutet, dass eine Kirche, die ihrem Auftrag nicht gerecht wird, ihre Daseinsberechtigung verliert, und zwar weil sie ihrem Herrn untreu geworden ist. Insofern stellt sich die Frage, ob der Relevanzverlust und das Schwinden der Kirche in Europa selbst in einer spirituellen Krise *innerhalb* der Kirche begründet sind: Kann es sein, dass die Kirche deshalb schwindet, weil sie seit viel zu langer Zeit »in einer Mentalität eines ängstlichen Appeasements gegenüber der christusfernen Welt gefangen« ist, »vorrangig Anschlussfähigkeit« sucht (81; vgl. 131) und so eifrig dabei ist, sich selbst zu säkularisieren?

Damit sind wir schon bei der Grundthese des Sammelbandes angelangt: Ein »Comeback« der Kirche wird nur insofern möglich und berechtigt sein, wenn sie sich auf ihren Auftrag besinnt. In diesem Zusammenhang scheuen sich die römisch-katholischen Autorinnen und Autoren auch nicht (und das sollte evangelische Leserinnen und Leser nachdenklich stimmen) von der Notwendigkeit einer »Re-Formation« zu sprechen: »Das dekorative Christentum,[1] das es vielerorts noch gibt und das Menschen nur am Rand zu berühren vermag, zerbröckelt wie alter Gips. Ohne Re-Formation, ohne die Bereitschaft, sich vom Evangelium her tiefgreifend verändern zu lassen, wird es für die Kirche kaum Zukunft geben. Sie wird abgelegt werden wie ein aus der Mode gekommenes Kleidungstück« (17; vgl. 25; 40; 175). Die vielerorts vorangetriebenen Strukturreformen stellen an sich auch keine Lösung dar, ähneln sie doch eher dem »Zusammenschieben von Betten im Krankenhaus. Gesund wird dadurch kein Mensch!« (87; vgl. 93). Was es braucht, ist vielmehr Umkehr, »Metanoia« im evangelischen Sinn: Die Kirche soll ihre Bestimmung erneut erkennen, um sich der Erfüllung ihres spezifischen Auftrags zu widmen. Und dieser Auftrag ist nun grundsätzlich *missionarisch*.[2]

Bejaht man diesen Grundsatz, so stellen sich sogleich mindestens drei Fragen. Die erste lautet: Was heißt eigentlich »Mission«? Mission sei in erster Linie nicht etwas, was wir tun, sondern etwas, was wir als Auftrag empfangen haben und seit unserer Taufe zu unserer Identität gehört: Wir sind Gesandte Gottes (49; 181) und aufgrund dieser Sendung (*missio*) sind wir dazu berufen, auch missionarisch zu wirken. Dabei sollte allen immer bewusst bleiben, dass Mission ein klares Ziel habe: »den einzelnen Menschen und sein Leben in Fülle«. Wer hingegen missioniere, »um seine Kirche endlich wieder voll zu bekommen, um die Kirchensteuerbasis oder den gesellschaftlichen Einfluss zu sichern, [...] der missioniert nicht. Der macht nur Mitgliederwerbung« (34). Mission bedeute daher letztlich, den Auftrag Christi an seine Jünger

---

[1] Wilhelm Stählin verwendet in seinem Aufsatz »Die Kirche als Ärgernis« (1952) eine ähnliche Formulierung: »Wenn sich die Kirche dazu hergibt, ein geistliches Dekorationsinstitut für irdische und profane Anlässe zu sein, dann ist das ein Ärgernis.« (W. Stählin, Symbolon. Zweite Folge: Erkenntnisse und Betrachtungen, Stuttgart 1963, 223). Allgemein fallen an vielen Stellen Ähnlichkeiten zwischen der Argumentation Stählins und jener des »Mission Manifest« auf.

[2] Pater Karl Wallner, OCist, zitiert die Aussage von Mendell L. Taylor (1912–1999): »The Church must send or the church will end« (88). Vgl. Kurt Koch, Kirche – um Gottes willen!, Freiburg/Schweiz 1998, 64: »Eine Kirche [...], die nicht mehr missioniert, hat im Grunde bereits demissioniert«. Letztere Aussage wird manchmal auch dem reformierten Theologen Emil Brunner (1889–1966) zugeschrieben.

(Mt 28,19) zu erfüllen. Dabei sei klar, dass der Auftrag lautet: die Menschen zu Jüngern zu machen, »nicht zu Kirchensteuerzahlern oder zu Messbesuchern. Nicht zu Karteikatholiken. Sondern zu Jüngern!« (35; vgl. 83) Oder anders gesagt: Das Ziel von Mission sei die »Bildung der christlichen Personalität« (48; 179); der Missionsauftrag wolle das ganze Leben und Tun durchdringen. Damit dies für den Einzelnen Wirklichkeit wird, braucht es aber – so wird an verschiedenen Stellen im Sammelband betont – eine bewusste Entscheidung, sich dem Wirken Gottes, dem Wirken Christi und seines Geistes auszusetzen. Denn ohne diese Entscheidung bleibe das Christentum »nur ein kultureller Ausdruck. Eine leere Hülse. Im Glauben geht nichts ohne die persönliche Aneignung« (57; vgl. 59; 82; 126; 130; 154; 234). Es versteht sich von selbst, dass eine solche Aneignung nicht nur Ziel, sondern auch Voraussetzung aller Missionsarbeit ist: »Der Ruf zur Umkehr richtet sich immer zuerst an die Kirche selbst. Unevangelisierte Evangelisierer sind ein Widerspruch in sich. Der Missionar ist der erste, der Bekehrung braucht« (63; vgl. 67).

So gelangen wir bereits zur zweiten Frage, nämlich: Wer ist dazu berufen, im besagten Sinn missionarisch zu wirken? Wenn Mission im Grunde darin besteht, »das erlebte Gute« mit anderen »zu teilen« (209), dann folgt daraus, dass allen Getauften und Glaubenden die Sendung erteilt ist, von der oben die Rede war. Deshalb wird im Sammelband auch für eine »Demokratisierung von Mission« plädiert (12: These 9; 211) und bekräftigt, dass »jeder Christ ein Spieler auf dem Feld und kein Zuschauer auf den Rängen« ist (41; vgl. 71–73; 97). In impliziter Anlehnung an das Wort Senecas, nach dem »man lernt, indem man lehrt« (*docendo discetur*), wird ferner dem Einwand begegnet, Mission müsse doch lieber den »Spezialisten« (d.h. letztlich den Amtsträgern) überlassen werden. Denn die Erfahrung zeige vielmehr – so etwa Katharina Fassler in ihrem Beitrag –, dass »allein durch den Willen und das Bemühen, den eigenen Glauben anderen zu vermitteln, [...] eine wirkliche Veränderung und Erneuerung auch in mir statt[findet]. [...] Der empfangene Glauben wird durch die Weitergabe und *in der* Weitergabe größer« (212). Es wäre allerdings ebenso fatal, wenn man daraus den Schluss zöge, dass in Bezug auf Mission die Amtsträger überflüssig seien. Denn wenn zum einen alle Getauften dazu berufen sind, »Geistliche« zu sein, so seien Priester und Theologen gleichsam Geistliche »*par excellence*«, die »beständig an der tieferen Quelle der Mission« sitzen, sodass ihnen eine besondere Aufgabe zukomme: ihre Kompetenz und Einfluss zu nutzen, »damit missionarische ›geistliche‹ Zellen entstehen, die eigenständig funktionieren« (222).

Was sollen aber solche geistlichen Zellen genau tun? Oder mit anderen Worten: *Wie* soll der missionarische Auftrag ausgeführt werden? Im Zusammenhang mit dieser dritten Frage werden im Sammelband einerseits mögliche Missverständnisse abgewehrt. So wird etwa betont, dass Mission »keine großen Taten [braucht], sondern nur die Bereitschaft, über Gott zu reden, wenn der Moment dazu reif ist« (34). Es gehe ferner auch nicht darum, »die Kirche etwas netter zu machen«. Denn »mit dem Netten in der Religion ist es wie mit dem Hübschen in der Kunst: Es bewegt niemanden wirklich« (43). Wer Kunst zu verkaufen versucht, indem er sie nett und harmlos macht, produziert nur Kitsch, welches wiederum eben keine Kunst, sondern bloß ein Surrogat und eine Verfälschung (ein »Fake«) davon ist. Dasselbe gelte auch für den christlichen Glauben. Ebenso solle man vermeiden, »Bekehrungen herbeiorganisieren zu wollen« (43), und doch zugleich anerkennen, dass echte Mission nie »absichtslos« und »ergebnisoffen« sei, denn »auch Gott hat seinen einzigen Sohn nicht absichtslos und ergebnisoffen in die Welt gesandt«. Mission dürfe also durchaus in der Absicht geschehen, »das Größte mitzuteilen, das wir wissen«, wobei selbstverständlich niemand zu vereinnahmen, sondern in seiner Freiheit stets zu respektieren sei (39; vgl. 132).

Der Sinn von Mission wird andererseits positiv anhand einer Aussage von Vincent de Paul (1581–1660) veranschaulicht: »Gott befiehlt uns bloß, die Netze auszuwerfen, nicht aber, Fische zu fangen, weil er es ist, der sie ins Netz gehen lässt« (23 f.). Die Aufgabe der Kirche vor Ort sei insofern ganz einfach und anspruchsvoll zugleich: präsent und aktiv zu sein als eine »glaubwürdig betende Gemeinschaft« (58), d. h. als eine Gemeinschaft, die ein glaubwürdiges Zeugnis für die Wahrheit, die Christus ist, ablegt und somit einen Raum schafft, in dem »die Begegnung mit Christus möglich wird« (60). Die Kirche solle erneut beginnen, sich als »Schule für den Dienst des Herrn« (Benedikt von Nursia) zu verstehen, in der zum einen »die Geheimnisse des Glaubens [...] vollständig, ganzheitlich, in rationaler Klarheit und in der Freude der Erlösten verkündigt werden« (12: These 7), zum anderen die elementaren Lebensformen christlichen Glaubens (Gebet, Meditation über Gottes Wort, Teilhabe an der Eucharistie) regelmäßig und bewusst eingeübt werden (176; 178; 228).

Die Frage nach der Mission ist also den Autorinnen und Autoren zufolge in erster Linie »keine Methodenfrage« (64), sondern eine Frage der Glaubenshaltung. Deshalb hüten sie sich auch davor, eine allgemeine »Methode für gelingende Mission« zu entwerfen. Vielmehr teilen sie mit ihren Leserinnen und Lesern Erfahrungen (und zwar sowohl positive als auch negative), die sie an verschiedenen Orten und in unterschiedlichen Kontexten gemacht haben und die als Inspirationsquelle für andere dienen können. Erwähnt werden dabei etwa: die Pfingsttreffen in Salzburg, die MEHR-Konferenz in Augsburg, das seit 1997 im Stift Heiligenkreuz im Wienerwald stattfindende monatliche Jugendgebet, die Gebetsbewegung »Gott-kann« (76–77; 96). Auf den ersten Blick ist es verwunderlich, dass neben solchen römisch-katholischen Initiativen auch Bewegungen und Gruppen aus dem evangelischen freikirchlichen Bereich positiv erwähnt werden, wie etwa die in Zürich gegründete International Christian Fellowship (ICF, 159). Bei näherem Hinsehen wird aber deutlich, worin eine solche Offenheit gegenüber den Freikirchen gründet: in der bewussten, tiefen und festen Verwurzelung der Beitragenden in der spezifisch römisch-katholischen Tradition. Denn gerade diese Verwurzelung befreit sie zum einen dazu, ohne Berührungsängste nach Beispielen gelingenden christlichen Zeugnisses auch jenseits der eigenen konfessionellen Grenzen zu suchen. Zum anderen macht sie sie aber auch der Gefahren bewusst, die häufig in freikirchlichen Kontexten anzutreffen sind (vgl. 161: »Dass die Orientierung an den ›Besuchern‹ auch gefährlich ist, dass es in der Liturgie auch nicht darum gehen kann, ein Publikum zu unterhalten, steht fest«).

Vor allen Dingen wird jedoch immer wieder betont, dass alle echte Mission primär nicht der Menschen, sondern Gottes Werk sei (139), in dessen Dienst sich Christinnen und Christen zu stellen haben. Insofern wird unsere missionarische Tätigkeit immer nur im Gebet geschehen können (75; 78; 137; 143–148), und zwar in der Bitte – um Worte Karl Bernhard Ritters aufzugreifen –, dass Gott uns seinen Heiligen Geist geben möge, damit »wir in seiner Kraft / durch all unsern Dienst / deiner [sc. Gottes] Wahrheit den Weg bereiten«.[3]

Die Beiträge zum »Mission Manifest« schaffen es, viele grundsätzliche Fragen anzusprechen und in einem immer verständlichen, lebendigen und lebensnahen Stil zu reflektieren. Wie das letzte Zitat verrät, besteht darüber hinaus nach Meinung des Rezensenten eine tiefgreifende Verwandtschaft zwischen dem Anliegen des hier besprochenen Sammelbandes und demjenigen der Berneuchener Bewegung, aus der auch die Evangelische Michaelsbruderschaft hervorgegangen ist. Insofern sei allen Leserinnen und Lesern der »Quatember« die Lektüre von »Mission Manifest« herzlich empfohlen.

Luca Baschera

---

[3] Karl Bernhard Ritter, Das tägliche Gebet, Kassel 1952, 94.

Adressen

Pfarrer Dr. Thomas Amberg, Tuchergartenstraße 7, D-90409 Nürnberg, thomas.amberg@elbk.de • PD Dr. Luca Baschera, Landvogt-Waser-Straße 36, CH-8405 Winterthur, luca.baschera@gmail.com • Generalsekretär Pfarrer Dr. Mario Fischer, Gemeinschaft Evangelischer Kirchen in Europa, Severin-Schreiber-Gasse 3, A-1180 Wien, m.fischer@leuenberg.eu • Dr. Horst Folkers, Scheffelstraße 33, D-79102 Freiburg, horstfolkers@web.de • Pfarrer em. Prof. Dr. theol. h.c. Ernst Hofhansl, Parkgasse 7, A-3021 Pressbaum-Rekawinkel, ernst.hofhansl@michaelsbruderschaft.de • Tom Kattwinkel, Auf der Ente 7A, 51645 Gummersbach, tom@kattwinkel.de • Pfarrer Thomas Michael Kiesebrink, Hafenäcker 6, D-78333 Stockach-Wahlwies, kiesebrink@t-online.de • OKR Dr. Roger Mielke M.A., Kunosteinstr. 5, D-56566 Neuwied / Kirchenamt der EKD, Herrenhäuser Str. 12, D-30419 Hannover, roger.mielke@ekd.de • Pastor Christoph Petau, Großgrabenweg 6, A-8010 Graz, christophpetau@tele2.at • Pfarrer Alexander Proksch, Wissenschaftlicher Mitarbeiter, Sieglitzhofer Straße 32, D-91054 Erlangen, AlexanderProksch@web.de • Prof. em. Dr. Gérard Siegwalt, F-67100 Strasbourg-Neudorf, 25, rue Sainte-Cécile, gerard.siegwalt@orange.fr • Pfarrer Dr. Heiko Wulfert, Kirchgasse 12, D-65326 Aarbergen, hwulfert@gmx.net

Das Thema des nächsten Heftes wird »Geduld« sein.

Quatember
Vierteljahreshefte für Erneuerung und Einheit der Kirche
Herausgegeben von
Frank Lilie, Sabine Zorn und Matthias Gössling im Auftrag der
Evangelischen Michaelsbruderschaft, des Berneuchener Dienstes
und der Gemeinschaft St. Michael
Schriftleitung
Roger Mielke in Verbindung mit Sebastian Scharfe
Manuskripte bitte an:
OKR Dr. Roger Mielke · Kunosteinstr. 5 · 56566 Neuwied,
Telefon (01 51) 15 19 81 35, roger.mielke@ekd.de
Edition Stauda
Evangelische Verlagsanstalt GmbH, Leipzig
82. Jahrgang 2018, Heft 3

Bestellungen

Mitglieder der Evangelischen Michaelsbruderschaft, der Gemeinschaft St. Michael sowie des Berneuchener Dienstes richten ihre Bestellungen ebenso wie alle Änderungen nur an ihre jeweilige Gemeinschaft.
Nichtmitglieder richten ihre Bestellungen ebenso wie alle Änderungen nur an den Bestellservice oder an den Buch- und Zeitschriftenhandel. Abos können zum Jahresende mit einer Frist von einem Monat beim Bestellservice gekündigt werden.

Vertrieb: Evangelische Verlagsanstalt GmbH · Blumenstraße 76 · 04155 Leipzig
Bestellservice: Leipziger Kommissions- und Großbuchhandelsgesellschaft (LKG) · Frau Nadja Bellstedt · An der Südspitze 1–12 · 04579 Espenhain
Tel. +49 (0)3 42 06–6 52 56 · Fax +49 (0)3 42 06–65 17 71
E-Mail: nadja.bellstedt@lkg-service.de

Preise: Einzelheft: EUR 7,50, *Jahresabonnement:* EUR 28,00 jew. inkl. Versand

Cover: Kai-Michael Gustmann, Leipzig
Satz: stm | media GmbH, Köthen
Druck: druckhaus köthen GmbH & Co. KG, Köthen

© 2018 by Evangelische Verlagsanstalt GmbH · Leipzig
Printed in Germany

Das Heft wurde auf alterungsbeständigem Papier gedruckt.

ISSN 0341-9494 · ISBN 978-3-374-05736-8

www.eva-leipzig.de

Ulrich H. J. Körtner

Dogmatik

*Lehrwerk Evangelische Theologie
(LETh) | 5*

736 Seiten | Hardcover
14 x 21 cm
ISBN 978-3-374-04985-1
EUR 58,00 [D]

Dogmatik als gedankliche Rechenschaft des christlichen Glaubens ist eine soteriologische Interpretation der Wirklichkeit. Sie analysiert ihre Erlösungsbedürftigkeit unter der Voraussetzung der biblisch bezeugten Erlösungswirklichkeit. Das ist der Grundgedanke des renommierten Wiener Systematikers Ulrich H. J. Körtner in seinem umfassenden Lehr-buch, das fünf Hauptteile umfasst.

Anhand der Leitbegriffe Gott, Welt und Mensch bietet es eine kompakte Darstellung aller Hauptthemen christlicher Dogmatik, ihrer problem-geschichtlichen Zusammenhänge und der gegenwärtigen Diskussion. Leitsätze bündeln den Gedankengang. Das dem lutherischen und dem reformierten Erbe reformatorischer Theologie verpflichtete Lehrbuch be-rücksichtigt in besonderer Weise die Leuenberger Konkordie (1973) und die Lehrgespräche der Gemeinschaft Evangelischer Kirchen in Europa (GEKE).

EVANGELISCHE VERLAGSANSTALT
Leipzig www.eva-leipzig.de

Tel +49 (0) 341/ 7 11 41 -44   shop@eva-leipzig.de

Werner Thiede (Hrsg.)
Karl Barths Theologie der Krise heute
Transfer-Versuche zum
50. Todestag

284 Seiten | Paperback
15,5 x 23 cm
ISBN 978-3-374-05632-3
EUR 38,00 [D]

Karl Barth (1886–1968) war der wohl fleißigste und bekannteste Theologe des 20. Jahrhunderts. Mit seinem Tod ging eine theologische Ära zu Ende. Diesem Ende korrespondierte der Umschwung des Zeitgeistes im Sinne der »68er«. Seither haben im Protestantismus wieder liberaltheologische Einstellungen die Vorherrschaft, wenngleich nicht die Alleinherrschaft, gewonnen. Ein halbes Jahrhundert nach Barth ist eine Standortbestimmung angesagt: Wo und inwiefern wirkt dieser große Theologe nach? Wo und inwiefern täte eine verstärkte Rückbesinnung auf seine einstige »Theologie der Krisis« und seine Kirchliche Dogmatik heutiger Theologie und Kirche, ja unserer Welt in ihrer Krisenhaftigkeit gut? Namhafte Theologieprofessoren, darunter Barths letzter Assistent Eberhard Busch, gehen diesen Fragen nach.

EVANGELISCHE VERLAGSANSTALT
Leipzig www.eva-leipzig.de

Tel +49 (0) 341/ 7 11 41 -44   shop@eva-leipzig.de